50歳からの
人生が変わる
痛快！「学び」戦略

PHP
Business Shinsho

Takao Maekawa
前川　孝雄

PHPビジネス新書

少にして学べば、即ち壮にして為すこと有り。
壮にして学べば、即ち老いて衰えず。
老いて学べば、即ち死して朽ちず。

佐藤一斎

はじめに

●「学び」とは本来楽しいもの

読者のみなさんは、「学び」に対してどのようなイメージを持っているでしょうか。40～50代のビジネスパーソンにとっては、学生時代の受験勉強、社会人になってからは会社から課されてきた数々の研修などが思い浮かぶかもしれません。

そして、残念ながらこれらの学びに対して、厳しい社会で生きていくために必要な「苦行」といったネガティブなイメージを持っている人が多いのかもしれません。

「勉強」という字は「勉《つと》めることを強《し》いる」と書きます。「勉める」とは、困難に耐え、無理してでも励むことを意味します。まさに文字が表す通り、私たちは人生の局面局面で学びを「強いられて」きたのです。

他人から強いられて何かに取り組むことは往々にして苦痛に感じるものです。「やらなければならない」という強迫観念から何かを学んでも楽しいわけがありません。

今、世の中では、働き方や求められるスキルが様変わりするなかで、ミドルに対する風当たりは強くなるばかりです。ともすれば「働かないおじさん」と揶揄《やゆ》され、「新しい時代に対応するために学ばなければいけない」というメッセージが溢れています。再教育を意味する「リスキリング」という言葉も流行《はや》っています。正直、大きなお世話ですよね。

一方で、「英語はこれからのグローバルビジネスに必須！」「ＩＴスキルを磨かなければ新しいビジネスに対応していくことができない！」といった声に圧迫感を覚えている人も多いはずです。

また、苦痛に耐えて新たな学びに取り組まなければならないのか……。

そのように考えて憂鬱になっている人も少なくないでしょう。「この歳《とし》になってそんな苦行に取り組むくらいなら、なんとか現状維持で生きていく方法を考える」という人もいるかもしれません。

私はそんなネガティブな「学び」を否定します。

嫌々やるくらいならやめたほうがいい。そう断言します。

なぜなら、**「学び」とは本来楽しいもの**なのですから。


ピンとこない人もいるかもしれませんが、仕事を離れた趣味の世界で何かを学んだ経験を思い起こせば、誰でも容易にわかるはずです。

例えば、ゴルフ好きな人なら、雑誌や解説書を読んでスイングの研究をした経験があるはずです。鉄道好きの人なら、ローカル線の魅力を解説した本などをむさぼり読んだ経験があることでしょう。釣り好きの人なら、釣り方のコツを指南するＹｏｕＴｕｂｅを見入って寝不足になったこともあるかもしれませんね。これらも新たな技術や知識を吸収するという意味では「学び」です。

では、このような趣味の世界の学びを苦痛に感じる人がいるでしょうか。そんな人はいませんよね。**好きな世界について学ぶことは楽しくて仕方がない**はずです。

●主体的に学んでいる人は、例外なくイキイキしている

もちろん好きなことを学ぶにせよ、根《こん》を詰めれば一時的な疲れやつらさを感じることはあるでしょう。スポーツのトレーニングと一緒です。走り込みや筋トレはやっているときはもちろんつらい。でも、「うまくなりたい」という目的意識を持って取り組んでいる人にとっては、それはむしろ「心地よいつらさ」と言えるものです。つらい瞬間にも充実感がある。それが「楽しい学び」です。

では、**「苦痛でしかない勉強」と「楽しい学び」との違いはどこにあるのでしょうか。それは「主体性」の有無**です。自ら「うまくなりたい」「もっと知りたい」という思いを抱いて主体的に取り組む学びは楽しい。それに対して、他人や状況に強いられて受動的に取り組む勉強は一つも楽しくない。実にシンプルな話です。

私は前職のリクルート在籍時代、『ケイコとマナブ』『仕事の教室』『好きを仕事にする

本』『社会人・学生のための大学・大学院を選ぶ本』『家で楽しく学ぶ本』など、さまざまな学びをテーマとした情報誌の編集長を務めてきました。

そのなかで、数多くの「主体的に学ぶ人たち」に出会いました。それがMBAであれ、国家資格取得であれ、ワインスクールであれ、自ら主体的に学びに取り組んでいる人は例外なくイキイキしています。好きなこと、興味があることに没頭する学び、成長を実感しながら目標に一歩一歩近づいていく学びには人を元気にする力があるのです。

そんな**学びには、自分や社会を見つめる視野を広げる効果がありますし、切磋琢磨し合う仲間ができるという副産物もある。自分の世界がグンと広がる**のです。

役職定年や定年が視野に入り、現状に停滞感を覚えているミドルのサラリーマンにとって、第二の職業人生を切り拓くために必要なのは、まさにイキイキと人生を楽しむ力であり、会社内にとらわれていた自分の世界を広げること。そう、主体的な学びこそが、その両方を手に入れるきっかけとなりうるのです。

●自己分析だけでは、「本当にやりたいこと」は見つからない

私は、『50歳からの逆転キャリア戦略――「定年＝リタイア」ではない時代の一番いい働き方、辞め方』『50歳からの幸せな独立戦略――会社で30年培った経験値を「働きがい」と「稼ぎ」に変える！』（ともにPHPビジネス新書）の2作を通して、「会社」ではなく「自分」を主語にして、自らがオーナーシップを握る第二の職業人生の築き方について、私と同世代の40～50代のみなさんにメッセージを送ってきました。

幸いなことに2冊とも多くの方々に読んでいただくことができ、読者から共感の声もたくさんいただきました。私が営む会社が提供する研修・セミナーやコーチングで、ミドルのビジネスパーソンのキャリアづくりに伴走させていただく機会も増えました。

そうしたなかで知ったのは、**「何をすればいいのか……」「自分のやりたいことがわからない……」と入り口でつまずいてしまう人が少なくない**ことです。

「会社に依存せず自らキャリアを切り拓く大切さはわかった。自分もぜひそうしたい。で

も、自分が本当にやりたい仕事は何か。充実した人生のために何を目指せばよいかわからない」という人がとても多いのです。具体的に一歩を踏み出そうとすれば、やはり自分の内から湧き出る意欲や希望、目的意識が大切になります。確かにそれを知るのは簡単なことではありません。

だからこそ、私は『50歳からの～』シリーズの第3弾として、ミドルが第二の職業人生へと一歩を踏み出すための「学び」について書こうと決めたのです。いわば、エピソード0《ゼロ》です。

「やりたい仕事の見つけ方」ではなく、なぜ「学び」なのか？
そう思われる人もいるかもしれませんね。ただ、ここには長年キャリア支援、人材育成の仕事に関わり、大学でも教鞭《きょうべん》を執《と》り続けてきた私の信念があります。

確かに、巷《ちまた》には「やりたい仕事の見つけ方」、ひいては自己分析、自分探しの本が溢れています。でも、こうした本に載っている**フレームワークと格闘し続けても、おそらく第**

二の職業人生における天職、やりたい仕事は見つかりません。

もちろん、もやもやしている自分の頭が整理された気にはなるかもしれません。しかし、果たして自分が本当にやりたい仕事は何なのか、その仕事が自分に本当に向いているかどうかは、机上で自問自答を続けているだけではわからないのです。むしろ、**自分探しの迷路に入り込んでしまうリスクすらある**と私は考えています。

●「学び」を重ねるなかで、「やりたいこと」は見えてくる

そこで私がおすすめするのは、「学び」を通して会社の外の世界に一歩出てみることです。

自分が心から興味や関心を持てること、夢中になれること、自分を活かせることの答えは、自分自身の中にあります。これは「本当の自分」を知るプロセスに他なりません。

でも、私たちは**自分の潜在意識や持ち味に容易に気づくことができない。同質性の高い集団である"会社村"のなかで、組織の一員として働いているだけではなおさら**です。馴染みのメンバー同士では相互啓発が起こりにくく、内省し変化や成長を目指す動機も生ま

れにくいからです。

自分が本当にやりたい仕事に出会うには、少しでも興味ある仕事を実体験してみて、自分にフィット感があるかどうか確かめることがいちばんです。

といっても、自分が本当に何をやりたいのかわからないとき、いきなり転職や独立などのキャリアチェンジを図ることはリスクが高い。「やってみたら違った」という場合、ダメージは小さくありません。20〜30代であればまだリカバリーも利くでしょうが、特に50歳を越えてからでは、「やっぱり思っていたのと違った」と元の会社に戻ることはほぼ不可能でしょう。

一方、興味を惹《ひ》かれるテーマに関して学ぶのであれば、極端な話、「本を1冊読んでみる」という始め方もできます。**「学び」は大して時間も費用もかけることなく、とりあえずの一歩を踏み出すことができる**のです。

まずはお試しで学んでみて、「違うな」「自分には合わないな」と感じたら、やめて別のことを学べばいい。「おもしろいな！」と感じたら、さらに一歩学びを深めていけばいい。

失敗するリスクや余計な負担感をできるだけ抑えて気軽に始められるのが「学び」のいいところです。

そして、そんな「学び」を重ねるなかで、自分を知り、視野を広げることによって、今まで見えていなかった「やりたいこと」、ひいては「天職」に出会うことができます。この出会いこそがあなたを充実した第二の職業人生へと導いてくれるでしょう。決して大げさではなく、**「学び」で人生は変わるのです。**

●学びで未来をシミュレーションできる

私は『ケイコとマナブ』や『仕事の教室』の編集長だった当時、「学びは未来のシミュレーション」を編集方針の一つとしていました。

自分が目指す仕事をしっかり定め、必要な資格やスキルを学び、身につけることは大切です。一方で、学びのもう一つの効用は、うっすらと関心を持った分野を学んでみることで、ぼんやりとした夢が一歩リアルに近づいてきて、本当に自分に向いているか、働きがいや喜びを感じられるか、未来をシミュレーションできることです。

本書では、私が見てきた数多《あまた》の事例や私自身の経験から、**第二の職業人生において本当にやりたい仕事を、「学び」を通じて、どのように見つけていくのかを解説**していきます。

おそらく最後まで読み終えたとき、みなさんの「学び」に対する印象は大きく変わり、キャリア展望も大きく拓けていることでしょう。

大切なことは、自らの意志で一歩を踏み出すこと。みなさんも、本当の自分に出会うために、新たな学びの扉を開いてみませんか。

株式会社ＦｅｅｌＷｏｒｋｓ代表取締役／青山学院大学兼任講師

前川　孝雄

50歳からの人生が変わる痛快！「学び」戦略　目次

はじめに　3

第1章　「やりたいことがわからない」ミドルが幸せをつかむために

第3章 自分探しの迷路から抜け出せ！ 自己分析はこれだけやれば十分

第4章　やりたい仕事に近づく「学び方8つのステップ」

第5章 やりたい仕事にたどりつくための「8つの質問」

――筆者・前川孝雄の紆余曲折の学びヒストリーを参考に自分自身の「学び戦略」を考えてみよう

第1章

「やりたいことがわからない」ミドルが幸せをつかむために

●希望の光を見出しながらも一歩が踏み出せないミドル

平成の時代を真面目に働き、乗り越えてきた40〜50代会社員の多くが、今、厳しい状況に追い込まれています。時代の変化、それに伴う経営環境の変化によって、会社のなかに居場所がなくなりつつあるのです。

一方、人生100年時代と言われるなかで、60歳だった会社員のゴールが65歳、70歳へと先に延ばされつつあり、この先の展望も見えなくなってしまっています。

私はそんなミドルがこれからも元気に働くことを願い、2019年に『50歳からの逆転キャリア戦略』、そして2020年に『50歳からの幸せな独立戦略』を刊行しました。キャリアのオーナーシップを会社から自分に取り戻し、本当にやりたい仕事に取り組もうという思いを込めたこれらの本の読者からは、今も多くの感想が寄せられ続けています。

一例をご紹介しましょう。

「鬱々としていた自分がいかに恵まれているかがわかった。今の職場で将来のキャリア自律に向けて自分を磨き直したい」

「狭い〝会社村〟の中にいて、定年後への準備不足を痛感した。自分の棚卸しをしっかり行い将来に備えたい」

「役職定年で自分は終わりだとあきらめていたが、まだまだ捨てたものではない！　自分次第で働きがいある仕事に再チャレンジできるという希望を得た」

「定年を目前にして、これからも会社に依存するのではなく、自分の強みを活かした仕事や人生を主体的に切り拓いていこうと思っていたので、とても参考になり、力をもらいました」

これらの言葉からは、「置かれた状況をただ悲観するのではなく、主体的にアクションを起こすことで新たな道を切り拓きたい」という希望が感じられます。

人間には、得るものより失うものを大きく評価する「損失回避バイアス」という心理傾向があると言われます。役職定年で職位が下がり、定年再雇用で正社員ではなくなることはつらいことです。でも、数十年にわたる会社員生活で得ているものはそれだけではありません。幸せはつかむものではなく、気づくものです。ここに気づけた読者が多かったことも、著者冥利《みょうり》に尽きます。

ただし、少なからぬ人が**具体的に何をやるかというところまではなかなか見えていません。それを模索している段階にあるという現実**も伝わってきました。

「自身のやりたいことの定義が、未完了であったことを再認識した」
「53歳となった今でも自分のやりたいことが見つからず、フラフラしています」
「自分のやりがいのある仕事を見つけるのはなかなか難しいが、今後追求していきたい」

正直な言葉だと思います。

長年会社員として働いてきた故の共通する悩みも見えてきました。

「会社に依存せず自らキャリアを切り拓く大切さはわかった。でも、自分が本当にやりたい仕事は何か。充実した人生のために何を目指せばよいかわからない」というミドルがやはり非常に多いのです。

定年後、職業人生はまだまだ20年前後もあるのですから、これはとても憂慮すべき事態。しかし、一概に本人たちの責任とばかりは言えません。

同じ職場に20年、30年と勤め、会社の指示命令に従い一所懸命に働いてきたために、今のミドルには自らの仕事やキャリアに関して自問自答する機会があまりなかったからです。会社を離れた自分に何ができ、何がやりたいか――。いきなりそう問われても見当もつかず、不安が募《つの》るのも無理もありません。

●定年後にすることがなく、元部下の職場巡りをしているシニア

「大人になっても自分探しか？」と思われるかもしれませんが、他ならぬ「自分」が何を望んでいるのかを理解していなければ、勇気を持って新たな一歩を踏み出すこともできません。ミドルであれ、若者であれ、自分探しに迷走することは考えものですが、「自分がない」生き方はそれ以上に問題だと私は考えます。

しかし、自分がやりたいことを見つけようとしても、まだ何者でもなく成長の途上にあ

る若者に比べ、ミドルの場合は積み上げた経験値が足枷《あしかせ》になりがちです。新たな道を模索しようとしても、つい経験値の範囲内にばかり目が行き、未知の領域には尻込みしてしまう。素直に自分探しをすることすら容易ではないのです。

何より**ハイリスクなのは、自分がやりたいことについて改めて考えることなく、早期退職を選択したり、定年を迎えたりしてしまうこと**です。会社を主語とした価値観のままセカンドキャリアを迎えてしまったとき、その人の人生は迷走していくことになります。

例えばこんな話があります。

大手金融機関を辞めて転職したある40代ビジネスパーソンの職場に、すでに定年退職した金融機関時代の元上司がスーツを着て訪ねてきたそうです。何事だろうと思って話を聞くと、特に用事はないとのこと。定年後、経済的な不安はないが、趣味も友だちもなく何もすることがないから、元部下や後輩の職場を訪ねて回っているのだというのです。

もちろん、かつての部下を訪ねて回ることが悪いわけではありません。しかし、私は知人からこの話を聞いて、この元上司は会社員時代の価値観に縛られたまま定年後を生きているのだろうと感じました。だから訪問先はかつての部下や後輩であり、必要もないのにスーツを着るのではないかと。**定年後も会社員時代の習慣、会社員時代の人間関係のなかでしか生きられない。**

この上司のエピソードは決してレアケースではないのではないでしょうか。現在ではなく、過去を生きている——やりたいことがないシニアの、ある意味では典型的な姿です。

●定年再雇用の処遇に不満で、「やる気のないおじさん」社員に

では、働き続けてさえいればいいのでしょうか。それも実は幸せではないのです。

今は、定年後の再雇用制度も浸透し、定年後も働き続けるという選択肢もできました。特にやりたいこともなく、会社から離れることもなんとなく不安で、消去法で雇用延長を選択する人も少なくありません。

しかし、定年再雇用では重要な役割が任されることはほとんどなく、給料も3～4割減

は当たり前、半分以下になることも少なくありません。当然のことながらモチベーションは上がりません。

すると、自らが選択したとはいえ、会社に対する不満が募ってきます。**「長年会社に尽くしてきたのに何でこんな冷や飯を食わされなければならないんだ」**という思いを膨らませながら働き続けることになる。このような気持ちは行動にも表れます。

1分たりとも無駄な残業はしたくないと、終業の5分前、10分前から片付けを始め、定時が来たらそそくさと帰ってしまう。本人にしてみれば「定時に帰ることの何が悪い」という思いでしょうが、毎日会社への面当《つらあ》てのようにきっちり定時に帰ることを繰り返していれば、職場内では「やる気のないおじさん」というイメージが定着します。大ベテランだけに年下上司はもちろん周囲のメンバーも注意することはできず、**扱いづらいシニアとしてますます自分の立場を悪くしていくことになる。**居心地がいいわけがありません。不平不満は、自分をいっそう不幸にしていくのです。

もちろん、定年再雇用を選択した人が必ずそうなるというわけではありません。自分なりにモチベーションを維持する工夫をしたり、周囲にとって扱いにくい存在になりやすい自分の立場をしっかり自覚して、人間関係にも気を使って働いている人もなかにはいるでしょう。

しかし、年功序列的価値観に縛られたまま自分をリセットできずに雇用延長に入った場合、ポジションがダウンすることも給料が下がることも屈辱でしかありません。そのように自分の置かれた状況をネガティブにとらえ始めると、前述のような負のループが起きてしまいます。残念ながら、これも定年後のシニアの典型的な姿の一つです。

さすがに、こうしたシニアのモチベーション停滞を問題視し、60歳などの定年年齢で一律に待遇を下げることは健康寿命が伸びている現代にそぐわない、と考える企業も増えつつあります。そのため、能力のあるシニアであれば、管理職を継続して任せたり、重要な役割に登用するなど、人事制度を改善する動きも出てきました。年功序列ではない、いわゆるジョブ型の人事制度ですね。

しかし、こうした変化により、今度は**「果たして自分は〝能力のある〟シニアと評価してもらえるのだろうか」**「同期で定年をむかえた親友が登用されたのに、自分はされなかったらどうしよう」といった新たな不安も生まれてきています。

●組織人の価値観へのとらわれが引き起こす悲劇

もう一つのパターンとして考えられるのが、ミドル以降の出向です。

大手企業や公務員で働いていたミドルが本体で幹部となることが難しくなり、グループ会社や取引先の中小企業、外郭団体などへと出向した場合、これも前述の定年再雇用に近い屈辱感を味わうことになります。

組織人の価値観のなかで生きている人の場合、企業や団体の格というものを強く意識します。そういう人にとって、大企業から中小企業、本体から出先機関への出向は都落ちと感じがちです。肩書き上は部長待遇など厚遇されていたとしても、屈辱感を拭うことができないのではないでしょうか。

このような心理状態で日々イキイキと働くことなどできません。根拠なく周囲を格下扱いし、上から目線でモノを言う、それでいてやる気はない。このような出向者は、真剣に働いているその会社の社員にとっては迷惑な存在でしかありません。

当然、煙たがられるでしょう。ますます居場所はなくなっていきます。格下扱いしている職場ですら自分が通用していない事実に、プライドはさらに傷つけられていくことになる。このケースでも負のループが起きていくわけです。

先ほどの定年再雇用のケースにしても、この出向のケースにしても、負のループの原因は、いつまでも組織人の価値観にとらわれていることにあります。言い換えれば**「やりたいことがない」のに「（少なくとも前向きに）やることがなくなった」人たち**に共通して起こるやるせない悲劇です。

主語は会社・組織のままですから、彼らの心の中では被害者意識ばかりが膨らんでいくのです。「会社はなぜ自分をこんな目に遭わせるんだ、ひどいじゃないか、話が違うじゃないか」と。

しかし、客観的にこれらのケースを考えてみればすぐにわかることですが、自分を主語にして、自分の意志で違う道を選択することはできるはずなのです。そんな当たり前のことにすら気づけない。もしくは頭では理解できても、気持ちはささくれだってしまう。数十年かけて培われた組織人の価値観による呪縛がいかに強いものなのかを改めて感じさせられます。

●隣の芝生は青く見えるが……

このようにセカンドキャリアに不安を抱くミドルのなかには、「独立」という選択肢が頭に浮かぶ人も少なくありません。実際、60~70代で働く人は、正社員ではなく自営業が多数派になっていきます。人数の多い大企業であれば、周囲に早期退職して独立に成功した元同僚などもいるはず。傍から見ているとイキイキと働いているように見える。それなら自分も……というわけです。

しかし、「やりたいことがない」状態で独立を志向しても、当然ながら何をやればいいのかわかりません。そこで、彼らの多くは独立した元先輩や元同僚を訪ねて相談します。そして、じっくり話を聞けば聞くほど、自分に致命的に欠けているものを自覚することになるのです。

独立し、うまくいっているように見える人たちは、会社員時代より収入は下がっていることが多いものです。それでもイキイキと働けている理由は何か？ そこを探っていくと、結局は「誰にも邪魔されず、自由気ままにやりたいことをやれているから」だということを知ることになります。

彼らの多くは、会社員より経済的に旨みのあるビジネスを見つけたから独立したわけではありません（なかにはそういう人もいるでしょうが、それだけで成功する人は極めてレアケースです）。やりたいことがあり、あるいはやりたいことを見つけて、それができる環境を自らの意志で手に入れたに過ぎない。実にシンプルな話ですね。

特にやりたいこともないのに独立して成功するノウハウなどありません。**やりたいことがあってこそ、独立し、充実した第二の職業人生を手に入れることができる。**

結局、独立してうまくいっているように見える元先輩・元同僚に相談したところで、「自分には彼らのように人生を懸けてやりたいことがない……」と痛感することになります。そして、「いいな、うらやましい」と思いながら、「自分には無理だ」とまたも迷走を始めることになるのです。

●キャリアビジョンなき上司が「部下のキャリア支援」を行う事態に

「やりたいことがない」が招く迷走は、何もセカンドキャリアに限った話ではありません。会社内で現役バリバリで働いている管理職にも、これに類似した事態が起きています。

今は、終身雇用も崩壊し、企業の組織づくりや人材育成も大きくシフトチェンジしようとしています。メンバーシップ型からジョブ型へと雇用のあり方が変わりつつあるなか、多くの企業が社員に対してキャリア自律を求めるようになっています。

個々の社員に会社に依存しないキャリアビジョンを描くことが求められるようになり、現場の上司には「部下のキャリア支援」という新たな役割が加わりました。

ここで新たな問題が浮上してきました。

上司は、1on1の面談で部下とじっくり話をし、社内の職位にとどまらない部下のキャリアビジョン形成をサポートするわけですが、肝心のその上司にキャリアビジョンがないのです。

「キャリア自律とは何か」といった理屈やコーチングの手法などは研修を通して学ぶことができます。しかし、今のミドルの多くは、会社に命じられるままにジョブローテーションを重ねてきて、これまでは社内での出世以外の将来像など描いたこともない世代。「今どきの若手は、管理職になりたがらない」と頭を痛めることがその象徴です。社内での出世以外で、**自ら経験したことがないキャリア自律に関して、部下の心に響くアドバイスや支援などができるはずもない**のです。

テクニックだけのコーチングなどは部下にも見透かされてしまいます。「この人は研修で教えられたことをそのまま実践しているだけじゃないか」「自分にキャリアビジョンがない人の話を聞いても意味がない」と感じた部下たちは、形式的に1on1を受けつつも内心はしらけています。

当然ながら上司もこの問題は自分自身で痛感しています。それでも「会社に命じられたことだから」と、真面目にこの空しい1on1の面談を続けることになる。笑えない喜劇のようです。

そもそも、今の若い世代は就職活動の時期から自分のキャリアビジョンについて考える習慣がついています。入社時にも、この先所属し続けることになる会社を選ぶ「就社」ではなく、どのような仕事をしたいかを軸に考える「就職」という意識が強い。「この会社で5年経験を積んで、必要なスキルを習得したら、次は違う業界で……」と、一つの会社にとらわれないキャリアプランを描いている若者も急増しています。入社すぐの4月に転職サイト「ｄｏｄａ」に登録する新社会人は、２０１１年から２０２１年の10年間で、26倍に激増しているのです。

こうした若者の意識変化は、かつて高学歴エリートの人気就職先の代名詞であった国家公務員総合職、いわゆるキャリア官僚の早期離職傾向からもうかがえます。

内閣人事局の調査によると、自己都合理由で退職した20代の国家公務員総合職は、２０１９年度には86人。その6年前の21人から年々増加し、4倍を超えているのです。

転職予備軍も多くなっています。内閣人事局「国家公務員の女性活躍とワークライフバランス推進に関する職員アンケート」によると、30歳未満の国家公務員で「すでに辞める準備中」「1年以内に辞めたい」「3年程度のうちに辞めたい」のいずれかが、男性14・7%、女性9・7%となっているのです。50歳以上では男性3・3%、女性3・9%という低さなのとは対照的です。

また、国家公務員採用試験の総合職の申込者数は、ピーク時1996年度の4万5254人に対し、2021年度は前年度比14・5%減の1万4310人と5年連続の減少で、記録が残る1985年度以降で最も少なくなっています。

人事院では、若者の地方志向の高まりや国会対策などの長時間労働でワークライフバランスを保てないことが原因と見立てていますが、私は見当はずれだと考えています。キャリアのオーナーシップを持てる仕事に就き、働きがいを感じることができないから敬遠されているのです。実際、内閣府の同調査では、若手男性の早期退職意向理由の第1位は「もっと自己成長できる魅力的な仕事に就きたいから」が約49%と突き抜けて高いのです。若手女性でも約44%と2位です。

実は、私はこうした若者の大企業や公務員離れは、変われない日本型組織に対する警鐘だと講演やメディアで訴え続けているのですが、大きな反響があり、ある霞が関官僚の中堅女性から以下の感想をもらいました。

「全面的に共感します。一緒に仕事していた後輩（女性ばかり）が3人、立て続けに退職しました。20代の子は過労が主な原因でしたが、30代の2人は意義を感じにくい仕事に見切りをつけて転職しました。幹部たちは女性はワークライフバランスが問題で辞めていくと思っていて、何もわかっていないなと感じています。霞が関の状況はしばらく改善するとは思えません。危機的とは思いますが、自分はそれに対して何もできないという諦念《ていねん》があります」


彼らは、最終的に自分が何をやりたいのかを見据え、自分がオーナーシップを握ってキャリアを重ねることを志向するようになっています。

だから、自分のキャリアプランに合わないと思えば、大企業であろうが官公庁であろうが躊躇《ちゅうちょ》なく辞めて新たな道に進むことができます。彼ら彼女らには「やりたいこと」があるのです。

もちろん若手のなかにも自分探し、やりたいこと探しに迷走する人たちはいます。しかし、世代的な傾向を比較すれば、**キャリア自律に対する意識は、ミドル世代より若手世代のほうがはるかに強い**のは確かです。

自分の言葉でキャリアビジョンを語り、ときに大胆に行動する若手を、ミドル世代の上司は本質的には理解できていません。だから、大企業を数年で辞めてしまう若手に対して、「我慢が足りない」「イマドキの若い奴は」と考えてしまう。何しろ自分たちがひたすら我慢をするキャリアを重ねてきましたから。「石の上にも三年」がミドルの本音です。

しかし、時代は変わりました。ミドル世代の上司たちは、自分たちの古い価値観では部下を導くことができず、付け焼き刃のキャリア支援も通用しないという状況に苦しんでいます。

つまりこれも「やりたいことがない」ことの弊害なのです。ミドル世代の上司は、古い価値観を引きずったまま現状維持を続ける限り、会社に求められる上司としての役割も果たせなくなっている。極めて憂慮すべき事態と言えるでしょう。

●コロナ禍が50代会社員のリストラを加速させた

ここまで見てきたように、ミドル以降の会社員は、今、厳しい状況に置かれています。ただでさえ会社に居場所はなくなってきており、会社にしがみついたところで待っているのは茨《いばら》の道です。そしてこの時代の変化はコロナ禍によってさらに加速しています。

経営環境が悪化した企業を中心に、2020年から2021年にかけて、早期退職・希望退職を募集する企業が一気に増えたのです。東京商工リサーチのデータによると、2019年に早期退職・希望退職募集を開示した上場企業数は2018年の3倍となり、翌2020年には、前年比でさらに2・6倍となっています。2年で7・8倍増えた計算になります。このリストラのターゲットは古い価値観にとらわれ、新しい時代への対応に苦しむミドルたちです。

「コロナ禍はあくまで一時的なもの。収束して経済が回復すればまた元に戻るのではないか」と楽観視している人もいるかもしれませんが、私はそう甘くはないと考えます。

リモートワークの普及など働き方の変化も含めて、コロナ禍をきっかけに始まった変化は、決して突然起こったものではないからです。日本の多くの企業がここ数十年の間、変えたくても変えられなかった働き方や組織に関するさまざまな構造的問題が、コロナ禍によって一気に喫緊《きっきん》の課題となって浮上したに過ぎません。コロナ禍で新たな変化が起きたのではなく、変化のスピードが10倍速になったのです。

会社のあり方、キャリア自律、ビジネスモデルの転換、ワークスタイルの変化といった一連のシフトチェンジが一気に押し寄せてきているなかで、**旧態依然とした価値観から抜け出せないミドル以降の世代にはもう卒業してもらったほうがいい**だろう――。

これが今の会社の考え方です。変化の狭間でなかなか大なたを振るえずにいたところにコロナ禍による経営環境の悪化という外圧が加わった。こうなると日本企業の動きは速いです。「まだウチの会社は大丈夫」と思っていても、ゆでガエル状態のミドルを対象としたリストラの波はどんどん広がっていきます。

また、最近では50代の社員を対象に「ライフプラン研修」を実施する企業が増えています。表向きは、会社内だけのキャリアを考えるのではなく、定年後にも目を向け、人生100年時代の後半戦をより豊かに生きていこうという内容の研修ですが、その裏側には、前述の早期退職・希望退職募集へと通じるリストラへの意思がある企業も少なくないでしょう。

もちろん、会社に縛られず、自分自身がオーナーシップを握ってキャリアプランを描くことは、私が『50歳からの～』シリーズでお伝えしてきた通り、大切なことです。しかし、暴力的な環境変化のなかで生き残ろうと危機感を高める会社の本音は、「会社の変化に合わせて変われない人は早く卒業してください」というところもありますから、シビアです。現状維持で逃げ切りたいという甘えは許されない時代になってきているのです。

経験を積んできた社員側も会社の考えていることはわかっていますから、なかなか前向きな気持ちで受講できません。**研修を受ければ受けるほど、みんな元気をなくしていく**という笑えない事態も起こっています。住宅ローンの残債や子どもの教育費、老後のお金のやりくりに重きを置いたライフプラン研修の場合、別名**「黄昏《たそがれ》研修」**と呼ばれる所以《ゆえん》です。

●自信を失う企業、被害者意識にとらわれるミドル

今のミドル社員がバリバリと活躍していた頃は、長時間労働も、辞令1枚による転勤やジョブローテーションも当たり前のことでした。今でいう上司からのパワハラ的な言動も決して珍しくはなかった、というより、ハラスメントという概念すらありませんでした。

それでも、そうした状況を耐え抜けば、年功序列で昇給・昇進が保証されていましたし、定年後まで安定した人生が約束されていました。だから頑張れたのです。ところが、いまやそれらは空手形になってしまいました。

ワークライフバランス、年功序列の撤廃、定年再雇用、ジョブ型雇用、副業・兼業解禁など、令和のここ数年の間に、平成の30年間で変われなかった昭和型の常識を覆す新たな動きが、急ピッチで進みました。本書では説明しきれないため、人事の変化について詳しく知りたい方は、拙著『人を活かす経営の新常識』（ＦｅｅｌＷｏｒｋｓ）を参照ください。

さらに改正高年齢者雇用安定法（２０２１年4月1日施行）では、企業に70歳までの雇用延長を求めるだけでなく、業務委託で独立して働く道など、雇用以外の選択肢をシニア社員に提供し支援することが、努力義務として求められるようになりました。

このように**会社と社員の関係、会社で働くことの意味が大きく変わってしまった**のです。今までの常識が非常識になり、非常識だと思っていたことが常識になってしまいました。

企業側にとってもこの変化には戸惑いが大きいもの。自らの意志で積極的に変化を仕掛けていく企業はあくまでレアケースで、特に歴史ある大企業は、かつてのやり方では生き残っていけないから、新しい動きに対応せざるをえない状況にあります。企業も自信を失っている。それが今のミドルを取り巻く環境にそのまま反映されてしまっているのです。

だから今、多くのミドルは被害者意識にとらわれてしまっています。「時代のせいだ」「会社に裏切られた」……そんな思いが頭を巡り、鬱々としています。

●生殺与奪の権を他人に握らせるな！

確かに、今ミドルが置かれている状況をすべて個人の責任としてしまうのはあまりに酷です。しかし、**被害者意識からは何も始まりません。時代のせい、会社のせいにしたところで、誰かが責任を取ってくれるわけではない**のです。

であれば、この状況を認め、受け入れ、自分の意志で新たな一歩を踏み出すことこそが、みなさんの希望の灯になるのではないでしょうか。

2020年に一世を風靡《ふうび》したアニメ『鬼滅の刃』の劇中、物語の序盤で、鬼となった妹・禰豆子を斬ろうとする柱・冨岡義勇に、泣きながら妹を助けてほしいと嘆願する竈門炭治郎を、義勇はこう叱責します。

「生殺与奪《せいさつよだつ》の権を他人に握らせるな！」

大ヒットした作品ですから観た人も多いと思いますが、なかでもこのセリフは会社で居場所を失いつつあるミドルの心に突き刺さったのではないでしょうか。

思えば、**日本のサラリーマンは生殺与奪の権を会社に握られていました。今こそ、それを自分の手に取り戻すべきとき**です。

では、何をしたらいいのか。

「やりたいこと」を見つけるのです。「天職」に出会い人生を変えるのです。それこそが自分のキャリアのオーナーシップを握り、幸せな第二の職業人生を送るために最も大事なものなのですから。

しかし、本章の冒頭でも触れたように、自分でキャリアビジョンを描いた経験がないミドルが、ゼロからやりたいことを見つけるのは簡単なことではありません。

あまり深く考えずにとりあえずで決めてしまうとあとで方向転換することになるリスクが高くなりますし、かといって、じっくり時間をかけて考えれば正しい答えが見つかるというものでもありません。そもそも頭の中だけで考えても答えの出にくい問題です。

そこで、私が提案するアクションが「学び」です。まずは興味を惹かれる分野に関して学んでみるのです。学ぶという行為、学びに付随する体験は、「やりたいこと」を実感をもって知るためには非常に効果的だからです。

次章からは、ミドルのための人生を変える学び戦略について詳しく説明していきましょう。

「学び戦略」で第二の職業人生を切り拓いたミドルたち①

アートコレクターとして趣味の世界を追究し美術大学教員に転身。さらには学長に！

宮津大輔さん
横浜美術大学 学長

【プロフィール】大学卒業後は広告代理店に就職。40代で通信系企業に転職。ビジネスパーソンとして働きながら、現代アート作品の収集に傾倒し、サラリーマン・アートコレクターとして世界的に知名度を高めていく。現在、コレクションの数は400点を超える。47歳のときデビュー作『現代アートを買おう！』（集英社新書）を出版。その後、京都造形芸術大学（現：京都芸術大学）客員教授など、会社勤務の傍ら美術教員としてのキャリアを重ねる。53歳で会社を辞め、横浜美術大学特任教授に。2020年4月には学長に就任。著書はほかに『アート×テクノロジーの時代』『現代アート経済学』（以上、光文社新書）、『今すぐスタート！「好き」から作る 定年後の稼ぎ力』（日経BP）など。森美術館理事も務める。

●30歳で作品を購入したことをきっかけとして現代アートに傾倒

きっかけは広告代理店に勤務していた30歳のとき。子どもの頃から絵を描くことが好きで、美術への関心が高かった宮津大輔さんは、一大決心をして憧れていた草間彌生《やよい》氏のドローイング作品を購入した。

「まだ草間さんも今ほど有名ではない頃でしたが、決して普通のサラリーマンが手軽に手を出せる金額ではありませんでした。それでも、その作品がどうしても欲しくて夏と冬のボーナス2回分をつぎ込んで購入しました。妻にひどく怒られましたね（笑）」

美術館やギャラリーでも展示されているようなアート作品を購入し、自分が所有する喜びは想像以上に大きかった。このときから宮津さんはそのつど財布と相談をしながら、コツコツと現代アート作品の購入を続けていく。並行して、図書館に通い詰め、現代アートを理解するための独学にも取り組んだ。

「当時は美術の専門用語も知りませんでしたから、現代アートや美術史に関することはもちろん徹底して学びましたが、それだけにはとどまりませんでした。同時代に生きるアーティストによって表現された現代アートの作品は、今という時代を理解しないと深く読み解けないからです。例えば、少数民族が創り出すアート作品を理解しようと思ったら、彼らが今どのような状況におかれ、何を訴えようとしているのかを知らなければわからない。ですから、学びの範囲はどんどん広がっていったんです。政治、経済、宗教、歴史についても学ぶ必要がありますし、とりわけ重要なのが思想です。学べば学ぶほど連想ゲームのように知りたいことが増えていくので、当時はとにかく浴びるように本を読んでいましたね」

「現代アートを理解したい」という気持ちは、宮津さんをさらなる行動へと駆り立てた。アーティストやキュレーターと直接話をしたいと思った宮津さんは、展覧会のオープニングパーティーなどに足繁く参加し、国内外のアーティストや美術関係者に次々に声をかけていった。また、そのために英語も独習した。とはいえ、当時の宮津さんは一介のコレクターだ。

「相手にしてくれる人なんてほとんどいません。ですからナンパと一緒です。100人に声をかけて1人振り向いてくれたら大成功。そういう気持ちでめげずにアプローチを続けていると、1人、2人と会ってくれる人が出てきます。当時は決して英語が得意だったわけではありませんでしたが、海外のアーティストとも積極的に交流を持ちました。彼らとの議論や情報交換は私にとって大きな刺激になり、また、コレクターとして名前が知られるようになりました」

アーティストらとの交流は、宮津さんの企画による展覧会の開催や、アーティストとのコラボによる自宅の制作といったプロジェクトにもつながっていった。

宮津さんには戦略があった。アートコレクターといえばだいたいが大金持ち。サラリーマン・コレクターの宮津さんは極めて珍しい存在だったが、これを逆手に取ったのだ。平凡な収入でもアートコレクションができることを自らのアピール材料にしつつ、ビジネスの世界での経験を活かし、「アート×経済」など独自の視点を磨いていった。

このように、アートコレクターの世界でニッチなポジションを獲得していく一方、宮津さんが評価し、購入した作品の価格は上昇、業界内では「目利き」としての評判も高まっていった。次第に宮津さんはアートコレクターとして世界的に認知される存在になっていく。

●アートについて教える仕事に就きながら、自ら大学院でも学ぶ

宮津さんの活動は、さらにアートに関する著述、教育にも広がっていく。自ら企画をし、出版社に売り込みをかけ、47歳のときデビュー作『現代アートを買おう!』を出版。その後、伝手《つて》をたどって、京都造形芸術大学の公開講座講師の仕事を得る。同大学ではさらに非常勤教員を経て客員教授にまでなった。この時点で宮津さんはまだ会社員。二足のわらじを履きながら、教育分野でもキャリアを伸ばしていった。

さらには、京都造形芸術大学大学院に進学。

「今まで多くを独学で学んできたことをアカデミックな視点から体系的に整理する目的で進学しました。基本は通信制で、スクーリング(対面授業)は東京のキャンパスで週末に受講できたので働きながらでも通うことができました。同級生には、同世代

の医師やモータージャーナリストもいて、社会人生活だけでは出会えなかった異業界の彼らとの交流は本当に刺激になりましたね」

その後、横浜美術大学で特任教授として働くチャンスを得る。

「40代で通信会社に転職したのですが、その後は買収に次ぐ買収で、退職前は、買収元であるソフトバンクで人事や新規事業開発を担当していました。会社は60歳定年で、それ以降の雇用延長制度も整っていましたから、そのまま働き続ければ安定した収入を得続けることは可能でした。一方、特任教授は1年ごとの契約更新なのでリスクはある。それでも好きなことで身を立てたいと、大学教員への転身を決断したんです」

アートの世界で生きていきたいと考えていた宮津さんにとって、大学教員になることは一つの目標だった。53歳でその夢を叶えた。そして2020年4月には同大学の学長に就任。数年前には想像もできなかったキャリアチェンジを実現した。

●サラリーマン時代に苦労した経験も決して無駄にはならない

宮津さんのこの異例の転身を支えたのは学びだ。自身、「体験からの学びとアカデミックな場で学んだ理論、その両輪があってこそ今がある」と振り返る。

膨大な量の独学を重ねてきた宮津さんだが、大学院で改めて理論を学ぶことによって、それらの知識を整理・体系化できたことは大きな財産になった。

一方で、アクティブに行動し続けた宮津さんの体験からの学びは多岐にわたる。作品を鑑賞することも、アーティストと交流・コラボすることも、教壇に立つこともすべてが今につながる訓練になっていると宮津さんはいう。

「現代アート作品を購入することも一つの訓練です。例えば、500万円の草間作品を購入したことがあるのですが、当時の年収が手取り300万円ちょっと。当然、簡単な決断ではありません。そういう重要な決断を自分一人の責任でするということは、仕事でもなかなかないと思います。会社の場合は、最終的に責任を負うのは経営者ですから。だからこそアート作品の購入は、振り返ってみると、私にとって〝決断する訓練〟になっていたんです。今、学長として自らの責任で経営上の判断をするときにも、こうした訓練の積み重ねが役立っていることを感じます」

自分に置き換えて考えたとき、趣味の世界をとことん追究することが、将来的に仕事へと結びつくイメージを持てない人もいるかもしれない。しかし、宮津さんは好きなことだからこそ、ビジネスパーソンとして本質的な力を養う学びが可能であるという。

「私の場合は、アートを理解したいという気持ちから学びの範囲を広げていきましたが、好きなことを究めようと思えば、どのような分野であっても、同じような広がりがあるはずです。例えば、サッカーにしても、ヨーロッパと南米のプレースタイルの違いにはどのような歴史的・文化的背景があるのかなど、いろいろな角度から疑問を持って掘り下げていくことができます。そのようにして、好きなことを軸に知識や体験の幅が出てくると、視野が広がり、ものごとを複眼的にとらえることができるようになる。これは、変化が激しく、正解がないこれからの時代を生きていくための重要な力となります」

それにしても、ビジネスパーソンとして働きながら、趣味の世界でこれだけの努力を重ねてこられたのはなぜなのだろうか。宮津さんはこのように答える。

「アートが好きだからです。好きなことならとことんまで打ち込めるものです。一方で、サラリーマンとして苦労した経験も実は大きいと感じています。例えば、アートの世界で人脈を広げようとしたとき、どうしてあれほどめげずにアプローチできたかというと、広告代理店時代に営業でさんざん苦労した経験があって鍛えられていたからです。当時はなんでこんな思いをしなくちゃいけないんだと感じていましたが（苦笑）。仕事でも趣味でも目の前のことに一生懸命取り組んだ経験は決して無駄にはならないはずです」

現在も、横浜美術大学の学長を務めながら、なお学び続けている。宮津さんの探究はまだまだ終わることを知らない。

第2章

学ぶことで「やりたいこと」が見つかる

●「何をやりたいか」がわからないからこそ学ぼう

ミドルが幸せな第二の職業人生をつかみ取るために、最も大切なことは何でしょうか。

それは自分自身が「本当にやりたいこと」を見つけることです。

当たり前のことのように思えるかもしれませんが、今まで、辞令一つで仕事の中身も働く場所も決められてきた**ミドルには、長いキャリアを通して「自分がやりたいこと」を掘り下げて考える機会がなかった、という人が少なくありません。**すべては会社が決めて、不満があってもそれに従うのが「働く」ということでした。

もちろん、そうしたキャリアの積み方をすることで、想定外の自分の強みに気づけたり、転機となる仕事や人との出会いがあったり、経験の幅も広がってきたかもしれません。若いうちはそうした可能性の広がりのほうが大きかったとも言えるでしょう。

しかし、50歳ともなれば可能性の広がりより、閉塞感のほうが強くなってきているのではないでしょうか。

そう、ミドル期に入れば、第二の職業人生のオーナーシップを握るのはもはや会社ではありません。あなた自身です。そうなると、「何をやるか」はあなた自身が決める問題になります。

とはいえ、長年、**一つの組織しか知らないできたミドルが、会社の外にまで範囲を広げて「本当にやりたいこと」を見つけるのは簡単ではありません。**なんとなく興味がある仕事があったとしても、それが本当にやりたいこととまで言えるものなのかどうか、自分にできることなのかどうか、頭の中でいくら考えても答えはなかなか出ません。

だからこそ学ぶのです。

学びの意味は、単に新しい知識やスキルをプラスすること、新たな資格を得ることだけにはとどまりません。**知らない世界を擬似的に体験することで、よりその分野に対する理解が深まり、自分に適性があるかどうかを体感する**ことができますし、掘り下げて学ぶことによって今まで知らなかった新たな分野の魅力を知ることにもつながります。

当たり前のことですが、知らない世界のことについて頭の中だけで考えて適切な判断ができるものではありません。まずは適性があるかどうか、それが自分の本当にやりたいことなのかどうかを確かめるプロセスが必要です。それが学ぶことなのです。

●学ぶことは「自分探し」

そしてこのプロセスを通して見えてくるのは、今まで未知だった外側の世界だけではありません。新たな世界に触れることで自分の中でどのような化学反応が起きるか、ここが非常に大事なのです。

例えば、今まで業績数字至上主義で生きてきた営業マンが、社会福祉について学ぶことで、人々や社会に貢献する新しい生き方に目覚めることもあるかもしれません。

文系サラリーマンがプログラミングを学ぶことで、今までになかった刺激を感じることもあるでしょうし、自らのパフォーマンスにしか興味がなかった人が最新の組織論に触れることで、組織やチームワークに関して魅力を見出すこともあるでしょう。

もちろん逆もあり得ます。社会的には非常に意義があると思えることでも、学んでみたら自分自身の心にはあまり響かなかったということもいくらでもあります。その場合は、シンプルに「向いていない」「適性がない」ということかもしれません。

人生経験・職業経験を重ねてきた**40代、50代は、「自分の好きなこと・嫌いなこと、自分に向いていること・向いていないことなどは自分でよくわかっている」と思い込んでしまいがち**です。しかし、実際にはやってみないとわからないことは多々あります。

繰り返しますが、頭の中だけであれこれ考えていても先へは進めません。まずは、「ミドルの自分探し」のための一歩を踏み出すこと。**学び始めることからすべては始まる**のです。

●「学び仲間」は居場所にもなる

これまで会社人間として懸命に働いてきた人ほど、自分の今後のキャリアをじっくり考える機会もなかったうえに、子育ては配偶者任せで家庭での居場所もなく、趣味や地域活動に打ち込む余裕すらなかったのではないでしょうか。必定、会社を離れた後の自分の人生をイメージできず、モヤモヤとした葛藤を抱える人が増えているわけです。

第二の職業人生を自ら切り拓き、自分を探すために学びは有効です。しかし研修やコーチングなどで生の声をじかに聴いていると、その前提として、職場や家庭とも異なる、安心して自分らしくいられる第三の居場所（サードプレイス）づくりが先決だと感じることもあります。

もし、あなたが**会社以外に居場所の心当たりがなければ、注意信号**です。

デジタルネイティブである若者は、ＳＮＳの活用などで社外での友人・知人とのネットワークづくりに長けている傾向があります。終身雇用をもはや信じていないが故に、プライベートな居場所を大切にする意識も強い。そんな若者に学び、ミドルもサードプレイスづくりを始めることです。

その気になれば、今からできることはたくさんありますが、この**サードプレイスづくりに学びはとても有効**です。これからの人生を切り拓くことを目指すという共通の目的を持つ仲間と出会え、仕事での立場を離れ、ありのままの自分を出せるからです。こうした学びは心の安定にもつながります。その意味でも、会社にいるうちから学びを始める意義は大きいのではないでしょうか。

仕事で忙しい最中には、サードプレイスの必要性は感じにくいものです。しかし、いざ定年退職してから作ろうとしても、難しいものです。人間関係づくりには時間がかかります。今から意識して動きましょう。

私自身、前職での管理職時代に、サードプレイスに大いに助けられました。当時は経営と現場の板挟みで悩み多き頃でしたが、単身赴任で帰宅しても居場所がありませんでした。そのときに、意気投合した社外の人たちとプライベートで交流するようになり、仲間の輪が広がっていきました。そのコミュニティが疲弊しがちな心のオアシスになり、心のバランスを保つことを助けてくれたのです。

また、私が現在の会社を起業する際に、打算なく応援してくれたのも、その頃からの仲間でした。今でもつながり続けており、互いの仕事やプライベートを支え合っています。この経験から、私は**会社を辞めた後に頼れるのは、仕事や肩書きを抜きに付き合える仲間**だとも考えています。

私の営むFeelWorksでは、「上司力研修」などの提供を通じて企業内人材育成を支援しますが、昨今チームビルディングにおいて注目されるキーワードが「心理的安全性」です。いわば「居場所」ですね。ハーバード・ビジネススクールのエイミー・C・エドモンドソン教授は『恐れのない組織』（英治出版）でこう述べています。

「心理的安全性とは、大まかに言えば「みんなが気兼ねなく意見を述べることができ、自分らしくいられる文化」のことだ」

「リーダーは心理的に安全な企業風土——従業員が不安を覚えることなくアイデアを提供し、情報を共有し、ミスを報告する風土——をつくらなければならない」

会社の研修で学んだ人もいるのではないでしょうか。

学ぶことは、上司や会社の働きかけを待たずとも、自らこの心理的安全性を作ることにもなります。学びは、新たな自分を知る旅に通じ、安心して過ごせる居場所にもなってくれるのです。

●伊能忠敬の「人生二毛作」に学ぶ

そうは言っても、学ぶことで人生を変えるほどの何かを得ることができるのか、まだ疑問に感じている人もいるでしょう。もちろん、第二の職業人生に到達するまでの道のりはなだらかな一本道ではありませんし、簡単なことではありません。

しかし、本気で学べば、ミドルからでも人生を大きくシフトすることは十分可能です。

その参考になるのが、伊能忠敬が実践した「人生二毛作」です。

伊能忠敬は日本地図の原型を作った歴史上の偉人として知られています。しかし、忠敬は決して若い頃から地理の専門家だったわけではありません。現在の千葉県九十九里町で生まれ、今でいうミドルの年齢になるまでは、実業家、経営者としてキャリアを重ねてきた人物です。

一方で、忠敬は個人的な興味から天文学について学んでいました。学んでみるとどうしてもわからないことが出てきました。昔の中国の暦が実際の天文現象と合わないことに気づいたのです。そこで、書物を貪《むさぼ》り読み、今でいえばセミナーや講演会などに足しげく通うなど、貪欲に学びます。

こうして、江戸の学者たちなどいろいろな専門家に話を聞きますが、ほとんど満足のいく答えは返ってきません。そんななか一人だけ忠敬の疑問に答えてくれた研究者がいました。それは、高橋至時《よしとき》という、30歳を超えたばかりの若手研究者でした。

親子ほどの年齢差もあったのですが、**忠敬は自分よりはるかに若い至時に心酔し、50歳を過ぎていたにもかかわらず、弟子入りを申し込み、本格的に天文学の研究に取り組みます。**その研究の成果が歴史に名を残すほどの偉大な業績につながったのです。

当時の50代といえば、すでに当時の平均寿命を超えているくらいの年齢で、現代に置き換えると70～80代くらいの感覚でしょう。

しかし、忠敬は年齢で自分の人生の限界を設定することはしませんでした。経営者として財も築いており、もうリタイアして悠々自適の生活をしていてもよかったはずなのに、まるで若者のように天文学の研究に没頭して、55歳から71歳まで測量を繰り返し、その後の人生を「日本地図を作る」という一大事業に捧げたのです。

おそらく当時はすでに千葉で実業家として名を馳せていたはずですが、後世の私たちには、50歳以降になした偉業のほうで歴史上の人物と認識されているのです。


重要なのは、忠敬は年齢で人生をあきらめることはしなかったということです。50歳を過ぎてなお、本気で学びに取り組んだ。忠敬の時代の感覚からすると、今のミドルはそれこそ30代くらいでしょう。「もう若くはないから」「今さら新しいことを学ぶなんて」と動くことをあきらめる年齢ではありません。これからの自分の人生において、今日という日は最も若い日なのですから。

何もせず停滞したままだと気持ちまで老けてしまうものです。しかし、学ぶことによって、特に新しい何かにチャレンジすることによって気持ちはリフレッシュされます。

学ぶ楽しさ自体が、これからの人生の原動力になる――。そう考えれば、始めない理由はないはずです。

●まずは「トライアルの学び」に取り組んでみよう

第二の職業人生をつかみ取るための学びは、大きく2つのフェーズに分けることができます。その最初のフェーズが「トライアルの学び」です。

興味のある分野があるなら、関連する本を読むのでも、お手軽なセミナーに参加するのでもいいので、手軽に触れられる**学びをとにかく体験してみる。これだけで、単に頭の中で想像を巡らせるより、グンとその分野への距離を縮めることができます。**

そのとき、おもしろい、もっと学びたいと感じるのか、あまり興味を惹かれない、退屈だと感じるのか、自分の中の心の動きをとらえることがポイントです。会社からの指示ではないのですから、誰にも遠慮することなく、ただただ自分の気持ちに素直になりましょう。「おもしろい、もっと深く学んでみたい」と思えばヒット。その分野はあなたの「やりたいこと」候補です。

例えば、あなたが農業に関心があったとしましょう。

自分が農業に向いているかどうか、やりがいを感じられるかどうかなんて一人で考えていたってわかりません。いきなり脱サラして農業を始めるのもリスクが高すぎるでしょう。

それならまず地方自治体やＪＡ、農業法人などが開催している農業体験講座に参加し、学んでみればいいのです。もちろん体験講座なので限界はあるでしょうが、農業の魅力や大変さの一端はリアルに体感できるはずです。

そこで「やっぱりおもしろい！」と感じることができれば適性がある可能性が広がることになります。あるいは、「こんなに体力が必要だとは思わなかった。土いじりも自分には苦痛だ」と感じれば、早めに方向転換することもできるでしょう。

他のジャンルであっても同様です。まずは手軽に受講できる安価な講座などでそのジャンルについて学んでみること。**学びながら、それを職業としている自分をイメージしてみ**

ること。それが未来のシミュレーションになるのです。

会社を辞めて退路を断つわけではなく、手軽に受講できる講座ですから、「違うな」と思ったら切り替えて次にいくことができます。早めに適性がないことがわかるのも大きなメリットです。ミドルは、やってみてもおもしろいとは感じられないことや明らかに適性がないことに時間はかけていられません。

やりたいことが見つかるまでは、この「トライアルの学び」にいくつも取り組んでみることをおすすめします。

●簿記を学んだことで「数字を扱う仕事には適性がない」とわかった

私自身の経験もお話ししておきましょう。

まだ若手の頃、将来は独立したいと考えていた私は、「難関の国家資格を取得すれば独立に役立つはずだ」と、当時の仕事とは何の関連もない税理士の資格取得を考えました。当時は税理士がどんな仕事かもよくわかっていませんでしたから、我ながらずいぶん安易な考えだったと思います（苦笑）。

そして、手始めに税理士受験の前提となる簿記の基礎講座を受講してみたところ、これがまったくおもしろくない。私には、数字を扱うような仕事には適性がなかったんですね。それがわかっただけでもこの学びには意味がありました。

この経験で、自分の適性や志向を見つめ直した私は、「数字に関わることよりも、人と向き合うことを自分のライフワークにしていこう」と決めました。こうして自分の方向性を決めたことにより、異動願いを出して、人々の学びを支援する情報誌である『ケイコとマナブ』編集部で働くことができました。

税理士の話は失敗談に思われるかもしれませんが、それによって自分のキャリアの方向性を定めることができたわけですから、私はプラスの経験だったと解釈しています。

ここで重要なのは、まず「学び」から入ったということです。もし、思い切りよくそのときに会社を辞めていたら、後から適性がないと気づいても取り返しがつかなかったですから。トライアルの学びで適性を測れたからこそ、その後、社内でやりたいことを仕事にできたのです。

この**トライアルの学びに関しては、「せっかく学び始めたのだからおもしろくなくても続けよう」という発想は禁物**です。人間には所有するものを高く評価し、手放したくないと感じる「保有効果」という心理傾向があります。あくまでトライアルですから、保有効果にとらわれないように気をつけましょう。

第二の職業人生の大まかな方向付けをすることがこの学びの目的。大事なのは自分の中でどのような化学反応が起こるかです。注意深く自分の心の声に耳を澄ませてください。

●インプットだけでは「深い学び」は得られない

もちろん、「トライアルの学び」だけで未来シミュレーションが完了するわけではありません。本を1冊読む、1日完結の講座で学ぶというだけでは、ざっくり自分に向いていそうかどうかの感触はつかめたとしても、本質の理解まではまだ遠いでしょう。

そこで、トライアルで手応えを得たら、その分野に関してより深い学びにチャレンジすることが重要になります。それが第二の職業人生をつかみ取るための学びの2つめのフェーズです。

では、より深い学びとはどのようなものなのでしょうか。

キーワードは「深い体験」と「アウトプット」です。

詩人・劇作家である寺山修司の著作に、『書を捨てよ、町へ出よう』という評論集があります。1967年出版ですからかなり古い本ですが、若者の間ではその後の世代にも読み継がれている作品なので、学生時代に読んだという読者も多いかもしれませんね。読んだことはなくても、このインパクトのあるタイトルは記憶に残っている、という人もいるでしょう。

演劇や映画にもなった作品ではありますが、そもそもは書物。「書を捨てよ」と唱えている作品自体が「書」であるという逆説的な構造を考えれば、寺山修司がこの言葉にどのような思いを込めたかはいろいろな解釈が可能でしょう。

しかし、私はこの言葉を、**「部屋に籠もって本ばかり読んでいても本質的には何も学べない。町に出て人と交わり、さまざまな出来事を体験してこそ本当の意味での学びを得る**

ことができる」と、ストレートにとらえています。それは私自身の学びの経験や、周囲の人々が学んで成長する姿を見てきて実感していたことでもあるからです。

一般的に、人は「勉強」というと、参考書を読んだり、テストに出る項目を暗記したりといった知識のインプットをイメージしがちです。学生時代、英単語の暗記帳を使って必死に大量の英単語を頭に叩き込んだ記憶は誰にもあるはずです。それが得意だったという人もいるでしょうが、機械的な暗記作業を苦痛に感じていた人もきっと多いはずです。

しかもこのように機械的に覚えたことは忘れてしまうのも早いもの。受験前に大量に覚えた英単語や歴史の年号は、試験が終わればどんどん頭から抜けていきます。つまり、インプットだけの勉強では、本当の意味での役立つ知識を身につけることは難しいのです。これはみなさん納得できるところではないでしょうか。

私は本書で、「勉強」という言葉を「学び」という言葉と対比させてややネガティブなニュアンスで使っていますが、それは「勉強＝インプット偏重」と定義しているからです。

●アウトプット学習のススメ――ミドルも書を捨てて町に出よう

では、インプットだけではダメだとしたら何が重要なのでしょうか。それはズバリ、アウトプットです。

決してインプットに意味がないわけではありません。英語を話そうと思ったら英単語を覚えることは大切です。だから単語をインプットすることは必要。しかし上達するには、同時にアウトプット学習を組み合わせていくことが不可欠なのです。

英単語の例で言えば、例えば単語テストを解くことなどもアウトプットの一つとは言えます。ただし、テストだけでは一時的な知識の定着度のチェックにはなりますが、先ほどもお話ししたようにテストが終われば忘れてしまうというリスクも大きいのです。

ではどうするのがいちばんいいかというと、実際に日常的に英語で会話をすることです。人は会話で日常的に使う単語を簡単に忘れるものではありません。かつ、実際に会話で使うことでその単語が持つ多様なニュアンスなども自然と身についていきます。

つまり、英語が話せるようになることを目的とした英語学習の場合、「話す」というアウトプットが重要になるというわけです。よく「英語を話せるようになりたいなら、参考書で学ぶよりも、外国人の友だちや恋人を作ったほうが早い」と言われますが、これは真理だと思います。

さらに言えば、アウトプットは話すことだけではありません。**人に「教える」こともアウトプットの一つ。**また、話すだけでなく「書く」こともちろんアウトプットになります。いずれの場合も、このアウトプットを継続し、何度も行うことが大切。それによってインプットした英単語が自分のものになり、英語を話せるようにもなるのです。

実際に学んだことを人にぶつけてみても、参考書通りにうまくいかないことはいくらでもあります。覚えた英単語を使ったら「それは非常に堅苦しい言葉で、フレンドリーな日常会話で使う言葉じゃないよ」などと指摘されることもあるでしょう。ビジネス書で読んだマネジメント術を張り切って職場で実践しても、思ったように部下を動かすことができないこともあるはずです。

それは当然のことなのです。スポーツを例にとるとわかりやすいかもしれませんね。サッカーの初心者が解説書を読んでドリブルやシュートの方法を理解したとしても、実際にグラウンドに出てすぐにうまくいくものではありません。どのようにドリブルをすればいいかを頭ではわかっていても、それを実践できる体力や脚力がなければ無理ですし、ボールを奪いに来る相手を前にして落ち着いて覚えたことを実践するのも相当難しいはずです。経営学者が名経営者になれるとは限らないのも同様の理由です。

本に書いてあることが著者には正しい方法だったとしても、読者の現実の世界には、そのつど異なる状況があり、相手がいます。それらを瞬間的に判断してそのつど自分なりにチューニングすることにより、初めて本に書いてあることを正しく実践することが可能になります。

また、正しい方法を実践するためにはそのための基礎能力も必要です。まずはそこを鍛えなければ話になりません。スポーツで言えば、走り込みや筋トレですね。

とにかくインプットしたらアウトプットしてみる。その「深い体験」を経ることによってて自分に足りないものが見えてきたり、本だけではわからなかった細かな気づきを得たりすることができます。

私にとって「書を捨てよ、町に出よう」という言葉は、まさにアウトプット学習&体験学習のススメとして響きました。教科書や参考書でのインプットも大切ですが、それだけでやった気にならず、外へ出て人と交わるなかで学んだことを実践する。それこそが本書が提唱する「学び」です。

そしてやってみれば体感できることですが、**アウトプット学習はインプット学習よりはるかに手応えがあり、おもしろい。この学びの醍醐味をぜひみなさんにも知っていただきたい**のです。

●ミドルの自分探しは「すでにある自分に気づく」こと

インプットにアウトプットを組み合わせた学びは多くの、そして深い気づきをもたらします。あるジャンルについて学ぶことは、単にそのジャンルに関する知識やスキルが身につくだけでなく、より広く世界を見るための視野を広げますし、自分の内側を見つめる視点も養われます。学びの一義的な目的は知識やスキルの習得であっても、本質的な学びを経ることで人は人間として成長することができるのです。

幸せな第二の職業人生を獲得するために、学びが重要なトリガーになるのはそのためです。単に新しい知識やスキルを身につけたから第二の職業人生がうまくいくというわけではありません。**新しい自分と出会うことができる、それが本気の学びの最大のメリット**です。

本章の冒頭で、学びはミドルの自分探しであるという話をしました。ただし、厳密に言うと、「自分」は決して外側の世界にあるわけではありません。当たり前のことですが「自分」は「自分」の中にしかないのです。そして新たなジャンルの学びで見つけることができるのも、実はこの「内なる自分」なのです。海外旅行に行くと、自分が日本人であることを強く自覚することと同じです。

若い頃に実はやりたいことがあったが、食べていくためにその道はあきらめ、別の仕事で就職したという人は決して少なくないはずです。しかし、はるか昔にあきらめたことであっても、「やりたい」「好きだ」という気持ちは心のどこかに残っている人もいるでしょう。

また、仕事をするなかで、隣接する異分野の仕事に興味を持った経験がある人もいるはずです。例えば、営業職としてクリエイターとやりとりをするなかでその仕事に魅力を感じたものの、「自分にできることは営業だから」「クリエイターの才能はないから」と気持ちに蓋《ふた》をしてきた人もいるはずです。

若かりし頃の、食っていくためにやっていたライスワークから、人生を使う意味を感じられる仕事としてのライフワーク、そして、本当にやりたい仕事であるライクワークの探究への変化ともいえます。

多くの場合、このライクワークである**「やりたいこと」はすでに自分の中にある**のです。

人生経験やキャリアを重ねてきたミドルの場合、若者以上にその傾向が強いでしょう。

新しい分野との出会いで見出されるのは、まったく新しい気持ちではなく、ずっと蓋をしてきた自分の中にある思いなのです。ここに気づけるかどうか、正確な表現としては浮かび上がらせられるかどうかで、その後の人生の展開は大きく変わります。

ある仏師のこんな言葉があります。

「仏像は誰にでも彫れるんです。この原木の中にはすでに毘沙門様はいるのですから。いらないものを削り取っていけばいいのです」

仏師は原木を丹念に削りながら、仏像を作っていきます。その原木の中には、すでに彫ろうとしている毘沙門天はいるというのですね。余計な部分を削り取っていけば、中にいた毘沙門天が徐々にその姿を現してくる。

ミドルの学びもまさにこのイメージです。**自分がやりたいことを探すために学ぶプロセスは、余計なものを取り除いていくプロセス**なのです。

それは、どれだけ世の中の流行であろうと、人に勧められようと、やってみて興味がない分野は第二の職業人生の対象外にしていくということでもありますし、なんとなく「自分にできることはこの仕事くらい」「この年で今さら新しいことをやるのは無理だ」という思い込みを排除していくということでもあります。

ポイントは、「内なる自分」は何かの拍子に偶然ポンと目の前に現れるものではないということです。仏像を彫るように、丹精を込めた学びのプロセスを一つひとつ重ねていくことで、徐々にその姿を現します。時間と労力をかけた分だけ、より「本物の自分」に近づくことができるのです。

●AI、DX、英語……ミドルはどう対峙すべきか

ここで、昨今、ビジネスの世界で注目されているAI、DX、そして英語に関して、第二の職業人生を模索するミドルがどう対峙《たいじ》するべきかを考えてみましょう。

今、ビジネスパーソンが何を学ぶべきかと、企業の経営者や人事担当者に尋ねれば、この3つがよく挙げられます。では、ミドルはみんなAI、DX、英語を学び、スキルとして身につけるべきなのか。私は必ずしもそうとは思いません。

もちろんあなたが、例えば「AIを柱にビジネスを展開していきたい」という将来像を描いているなら話は別です。しかし、そうではないのに、必要だという外圧に押されて仕方なく学んだところで、あまり意味があるとは思えません。

というのは、この3つは今や多くの人が学んでいますし、学生時代からITや英語になじんでいる若い世代に強みがある領域だからです。その分野のエキスパートとして専門性を高めてきた若手が大勢いる上に、これからも増えてくる。ミドルにとってこれほど不利な勝負の場はないのです。あえてそこに手を出す必要があるでしょうか。

慶應義塾大学環境情報学部教授であり、ヤフーCSO（チーフ・ストラテジー・オフィサー）を務める安宅和人さんは、話題の著書『シン・ニホン　AI×データ時代における日本の再生と人材育成』（NewsPicksパブリッシング）でこう述べています。

「僕を含むミドル、マネジメント層は、いい歳をして坂本龍馬を目指すのではなく、こういう挑戦をサポートし、励まし、金を出し、必要な人をつなぐという、勝海舟的なロールを担うべきだ」

ＡＩを学び最先端の知識・スキルを持つ若者が活躍するために、ビジネス経験豊富なミドル・シニアが果たせる役割はいくらでもあるということです。

英語に関しても、苦手意識を持ちつつも、強迫観念から何度もトライしてきた人も多いのではないでしょうか。かくいう私もその一人です。

「英語くらい話せなければこれからの時代に通用しなくなる」と20代の頃から考えて、まず英会話スクールにボーナスをつぎ込んで通学しました。でも、週に一、二度、レッスンで使うだけではまったく上達せずに挫折。

30代に入ると外国人の家庭教師を雇い、週に2回ほどカフェで英会話のレッスン。オンライン英会話が流行し始めると、早速週3回ほど現地在住の外国人講師からインターネットを通じてレッスン。会社を早期退職した際も、日常を離れて今後の事業構想を練ろうとハワイに1カ月滞在したのですが、その間も現地の語学学校に通いました。

これだけ投資して学びもしてきたのですが、恥ずかしながら私の英語力は残念な結果に終わっています。私の結論は、「結局仕事や生活で日常的に使わないかぎり、英語は上達しないし、すぐにできなくなっていく」という、当たり前のものでした。

また、私は10年以上、青山学院大学で教壇に立っていますが、欧米やアジア各国など海外からの留学生が受講する場合もあります。あるとき、日本語による私の授業が理解できず、戸惑っている留学生にどうしたものかと苦慮したことがあります。すると、隣で受講していた日本人学生が流ちょうな英語で通訳してくれたのです。その日本人学生は、日本語でのグループワークや発表ではたどたどしかったため、驚きました。と同時に、授業の意図が理解できた留学生の安堵した表情に、私もホッとしたものです。

私は、その日本人学生に感謝するとともに、今の若者は親の仕事の関係で帰国子女も多く、留学も珍しいことではなくなっているため、英語が話せることはもはや珍しいことではないことを実感したものです。

50代となった今は、英語に関しては達観しており、もし必要となったら短期的には通訳の方の力を借りればよいし、必要に迫られれば、日常会話くらいはできるようになるだろうと楽観視しています。

自分のビジネスでどうしてもＡＩや英語が必要なら、それを専門とする人の力を借りればいいですし、ＤＸを推進したいならそれをサポートしてくれる会社や人はいくらでもあります。**今から膨大な時間をかけて、ＤＸやＡＩ、英語を学ぶよりは、そこに関しては他人の手を借りるという割り切りも重要**です。

実は、上手に他人の手を借りることは、今後ミドルが充実したキャリアを積んでいくために欠かせないことです。私自身、脱サラ起業して会社を経営して14年目となり、この重要性を痛感しています。

もちろん、経営者として経営全般の勘所はわかっていないとダメですが、一方で個々の業務においてプレイヤーとして自分でできることの限界を痛感することはしばしば。しかし、そのつど、そこに通じた専門家の力を頼れば乗り越えられてきました。例えば、会社の経理・財務は税理士さん、人事・労務は社会保険労務士さん、という具合ですね。ＤＸやＡＩ、英語についても同様ではないでしょうか。

また、そもそもの話ですが、**何を学ぶかを考えるときに、「今、流行っているもの」「みんながやっていること」に手を出すのは筋がいいとは言えません。その時点で判断軸が自分ではなくなってしまっているから**です。

大切なのは自分が何をやりたいか。他人の意見や世の中の流れに左右されて、自分の軸からずれることをするのはもうやめにしましょう。

やりたい仕事が見えてくる「50歳からの学び戦略MAP」

さて、ここからはより具体的にミドルの学び戦略を考えていきたいと思います。

なにしろ一口に「学び」といっても、その種類はさまざまです。新書を1冊読むのももちろん学びですし、2年かけて社会人大学院に通うのも学び。ロールモデルとなる誰かに弟子入りして経験を積ませてもらうことも学びですし、自分で勉強会を開催するのも学びです。

すでに説明したように、第二の職業人生に向けた学びにはトライアルのフェーズもあれば、深めていくフェーズもあります。また、まったく今の仕事と関係のない分野にチャレンジする場合もあれば、今の仕事にも役立ち、かつ未来にもつながる学びに取り組むこともあるでしょう。

ですから、どのような学びがどのフェーズ、どの目的に該当するかを整理して理解しておく必要があります。というのも、「学びたい！」という気持ちに火が付いてしまうと、あまりあれこれと調べずに衝動的に行動をする人が実際に多いからです。

もちろん衝動的な行動が結果に結びつくこともありますが、例えば、いきなり高額な学費をかけて社会人大学院に入学してしまって、適性がなかったと後から気づいた場合、時間やお金を大きくロスしてしまうことになります。

「やりたいことではなかったけど、大金をかけて入学したのだから少なくとも修了までは頑張ろう」ということでは本末転倒。もっと簡単な方法で適性の有無はある程度は測れるのですから、まずは手軽なところから学び始めたほうがどう考えても効率的でしょう。

要は学びにも戦略が大切だということです。そこで、学びをいくつかの種類に分類し、それぞれの位置づけを表したのが、次ページの**「50歳からの学び戦略ＭＡＰ」**です。

横軸は**「実務スキル」**寄りの学びか**「マインドセット」**寄りの学びかを表しています。

縦軸はその学びが**「参加型」**か**「受動型」**かを表しています。

やりたい仕事が見えてくる
50歳からの学び戦略MAP

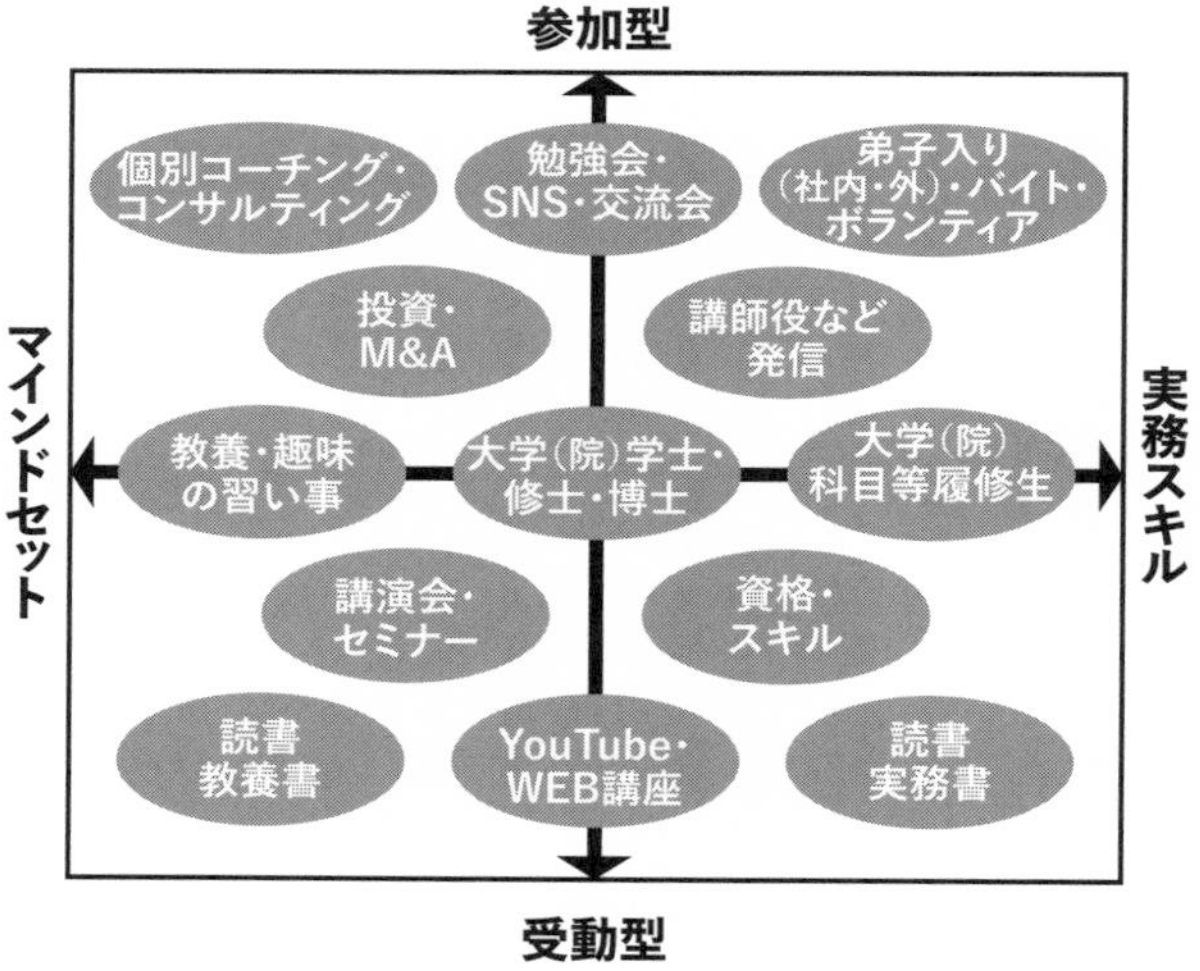

横軸に関しては、もちろんどちらが良い悪いということではありません。自分に不足しているほうを重点的に学ぶということでいいかと思いますが、マインドセット、実務スキルの両方のバランスを意識した学び戦略が必要となります。

熱心に学んではいてもマインドセットの部分にばかり偏重している人、実務スキルの習得ばかりに目がいって本質であるマインドセットをなおざりにしている人などもいますが、やりがいを持って仕事で具体的に成果をあげるためには両方大切です。

学び戦略を立てるうえでより重要なのは縦軸です。

受動型というのは、要するに一方的に与えられる知識をインプットしていく学びです。それに対して参加型というのは、自分自身で実際にやってみる、あるいは自分の意見を持って集団で議論をする、グループワークで課題解決に取り組むといった学び方です。先ほど説明したアウトプット型の学びがまさにここに該当します。

教育の世界では、議論やグループワークを取り入れ、学習者の主体性を大切にするアクティブラーニングが新しい流れとして浸透してきましたが、まさに参加型の学びの代表例。学校教育でも取り入れられている、自宅で基礎知識を予習して、授業では応用問題や質問を中心にする反転学習も同様です。企業研修でもアクティブラーニングを取り入れるケースも増えているので、体験したことがある人もいるでしょう。

一般的に、**受動型であればあるほど、学び始めるハードルは低く、参加型であればあるほど、学び慣れしていない人にとってはハードルが高くなります。**

つまり、いきなり参加型に飛び込んだ場合、ショック療法的な効果が期待できる面もあるものの、勝手がわからず戸惑って終わりになってしまうリスクもあるということです。

一方、いつまでも受動型の学びを繰り返していても、アウトプット学習につながらず、進歩がありません。

つまり、**最初は受動型から入り、段階的に参加型の学びを増やしていく**ことが戦略上のポイントになります。

では、MAPで示したそれぞれの学び方について、簡単に説明していきましょう。

①読書（実務書）

まずは右下の「読書（実務書）」から。いわゆるビジネス書はミドルのサラリーマンにとっては馴染み深いのではないでしょうか。自分の仕事に関連する分野の本、話題の本などは実際によく読んでいる人も多いはずです。

ただし、自分の現在の実務と関係のない分野となると、手を出した経験がある人はグンと減るのではないかと思います。そんな**未経験分野の実務書を読んでみる**のです。

例えば、コンサルタントになりたいが未経験の人がコンサルティング実務の入門書を読んでみる、会計分野の仕事を目指しているが未経験の人が簿記に関する入門書を読んでみる、というイメージです。知らない分野の実務書を読んで、おもしろい、もっと知りたいと感じるか、仕事をしている自分がイメージできるかを確かめてみましょう。

これらの本は実務家が書いていることが多く、著者が長いキャリアで経験してきたことが1冊に凝縮されています。それを数時間から数日で、しかも安価に吸収できるのですから、これほどコストパフォーマンスのよい素晴らしい教材を利用しない手はありません。

後段で詳しく説明しますが、ポイントは読み方。馴染みの薄い分野の本だと、漫然と読んでいるだけでは中身が頭に入りにくいものです。さらっと文字だけ追っているだけでは理解したことにはなりませんから、メモを取ったり、読み終わったら1冊ごとに要約や感想をまとめたりして理解を深めることを意識しましょう。かつ、自分の中の反応を確かめながら読むことも大切です。

とにかく手軽さにおいては、ここで紹介する学びではいちばんと言えます。何か興味が持てそうな分野が見つかったら、**トライアルの学びはまずは本から入る**のがいいでしょう。それを足がかりにして参加型の学びへとステップアップしていくことを意識してください。

②YouTube・WEB講座

最近は、ＹｏｕＴｕｂｅで手軽に学べる無料動画コンテンツも増えてきました。Ｕｄｅｍｙや ＪＭＯＯＣ、ｇａｃｃｏ、Ｓｃｈｏｏなど、無料または比較的安価に学べるＷＥＢ講座を集めた教育系サイトも増えています。これも、トライアルにはピッタリの学び方です。

ネットですから双方向的にコミュニケーションしながら学べる講座もありますし、受講生同士がチャットでやりとりできたりする場合もありますが、ネット講座で学ぶ人の大半は視聴するだけということが多いのではないでしょうか。そのため、ＭＡＰ上では受動型に位置づけています。

ポイントは自分に合った講座の見つけ方でしょう。特にＹｏｕＴｕｂｅで個人がアップしている動画の場合は玉石混淆。とはいえ、未経験分野を学ぶとすると、こちらに見極める目もありません。「いいね」の数や視聴回数をチェックすることも大事ですが、アテにできない面があるのも確か。

ですから、手軽に手を出せるメリットを活かし、一つの分野につき、複数の情報源から学ぶことをおすすめします。同じテーマのネット講座を複数視聴する、同じ分野の本も読んでみるという方法で幅を広げましょう。それによって、その分野に関する大まかな相場観が養われ、いいかげんな動画かどうかも徐々に判断できるようになります。

なお、ＪＭＯＯＣなどは、無料で学べるオンライン講座に、その内容に基づいた対面型の反転授業を組み合わせています。こういったシステムを利用すればスムーズに上の参加型の学びへと移行することも可能なので、個々のサイトをチェックしてみましょう。

③読書（教養書）

こちらは仕事に直結する内容のビジネス書に対して、仕事とは直接関係がない趣味や教養に関する領域の読書を意味しています。例えば、歴史、哲学、文化、芸術、宗教など、いわゆるリベラルアーツに関する本や、ワインなどの趣味の本も該当します。

「それが第二の職業人生につながる学びになるの？」と感じた人もいるかもしれませんが、これが実は非常に大事なのです。

今、ビジネスパーソンの間でリベラルアーツを学ぶことは一つのトレンドになっています。なぜかというと、先の見通せない、一つの正解がない時代に自分の頭で考え、自分なりに答えを導き出すには、より深く幅広く人間や社会を理解することが求められるからです。

ビジネス書ではノウハウを知ることができますが、**教養書は自ら新しいアイデアを生み出す力を養うことにつながります。**教養の幅を広げることで、異なる分野の知識を結びつけて考えたり、人や社会が本当に求めているものは何かを突き詰めて考えたりと、思索の幅を広げることが可能になる。会社の看板なしに自分の力で生きていくことを考えたとき、このようなものの見方、考える力を磨いておくことは大きなポイントになります。

もちろん1冊教養書を読んだからといって、そういった力が養われるわけではありません。さまざまな分野の本を幅広く読むことが必要でしょう。

また、趣味の世界の知識を深めることは、仕事以外での人とのつながりを築いていくことにもつながります。趣味で生まれた交流は一生の付き合いにもなり得るもの。それが結果として仕事にもつながることもあるでしょう。仕事を軸としない交流を広げていくことも、自分の世界を広げていくためには大切なのです。

④資格・スキル

例えば、社会保険労務士や中小企業診断士、簿記など、仕事に役立つ資格やスキルを習得するための講座での学びを意味しています。

資格スクールの通学講座もあれば通信講座もあり、期間は資格・スキルによって異なりますが、数カ月～1、２年というイメージですね。税理士など取得まで最短でも数年を要する資格もあるので、資格取得を目指すなら、取り組み始める前に取得までの平均的な期間や難易度はしっかり調べておきましょう。

具体的に仕事に活かせるレベルでの知識・スキルを養い、資格という裏付けを得ることが目標になるので、①の読書（実務書）の先に位置づけられる学びといえます。

ただし、社会保険労務士や税理士、司法書士、行政書士などの業務独占系資格を取得すれば、それだけで独立できると安易に考えることは危険です。今は多くの資格で取得者の数が増え、競争が激化していますから、単に資格を取ったからといってそれだけで食べていけるほど状況は甘くはありません。ＡＩに奪われる業務も増えているのでなおさらです。

例えば、人事・総務の実務を経験してきた人が社会保険労務士を取得するなど、今までの会社での経験にプラスして活かせる資格を見定めて戦略的に資格を選び、学ぶことが大切になります。

なお、日商簿記検定や英検（実用英語技能検定）などの検定は下の級から段階を踏んでレベルアップしていくことができるので、基礎から学び始める人にとってはいい指針になります。ＴＯＥＩＣなど、スコア判定されるテストも同様です。

⑤講演会・セミナー

著名な経営者やコンサルタント、あるいは業界の先駆者が経営のトレンドや業界の最新事情について論じるような講演会やセミナーも、非常に使い勝手がいい学びの手段です。最近は、業界単位で開催される展示会などのイベントで、著名人を招いて無料または安価な講演会・セミナーを開催することも多いので、そういった機会を利用すればお金をかけずに学ぶことができます。

各分野で実績のあるエキスパートの話を聞くことで、最新情報を仕入れられるのはもちろん、その分野・業界の仕事の実情や相場観を把握することも可能。また、講演者の話がどの程度響くかによって、自分がその分野・業界に対して適性があるかどうかを判断する材料にもなるでしょう。

⑥大学・大学院（科目等履修生）

大学・大学院の**科目等履修生とは、大学・大学院で開講されている授業を1科目から受講できる制度**です。履修した科目は大学・大学院の単位として認定されます。同じような制度に聴講生があり、こちらは単位が認定されません。

大学・大学院に正規で進学すると、学費もかかりますし、期間も要しますが、1科目だけをピンポイントで学ぶなら、どちらも負担は抑えられます。大学・大学院によりますが、1科目1、2万円台で受講できるところもあります。

期間は3カ月、半年、1年といったあたりが一般的。科目等履修生制度を設けている大学・大学院は非常に多く、受講できる科目も多様なジャンルにわたるので、興味がある人は大学のHPなどで調べてみるといいでしょう。


この制度を利用すれば、例えば、「産業心理学について学びたい」「論理的思考力を磨きたい」といった課題が明確な人が、該当する科目を受講することで効率的にスキルアップすることが可能です。

ビジネスパーソンの場合は、社会人大学院の開講科目がレベル的にもふさわしく、夜間や週末に受講できる科目も多いので利用しやすいですが、基礎から学びたいなら通信制大学の科目等履修生として学ぶ方法もあります。

なお、社会人大学院の正規課程への進学を考えている人が、まずはお試しで、科目等履修生で1科目から学ぶというケースもよくあります。

⑦大学・大学院（学士・修士・博士）

大学・大学院の正規課程で学ぶという道もあります。ビジネスパーソンの進学先としてまず候補になるのは夜間や週末の通学だけで学位が得られる社会人大学院（修士）です。より実務的な内容を学べる専門職大学院も学位の位置づけとしては修士相当なので、このカテゴリーに分類できます。さらに修士での研究を深めたいと思えば、働きながら博士課程へ進学することもできます。

また、基礎から学びたい人は、通信制大学を利用すれば働きながら学ぶことが可能です。大学卒業、短大卒業などの学歴に応じて編入学ができるので、４年制大学といっても社会人が４年間フルに学ぶことはまれ。２年程度学べば卒業できるケースが多いです。

正規課程での学びは、課題や試験などもありますし、働きながら学ぶ場合は特に負担は大きくなります。ただし、その分、得られる知識・スキル・人脈も大きく、特にビジネススクール（経営大学院）をはじめとする社会人大学院では、会社の外で多様な業界、多様な世代の人たちと議論しながら学ぶことができるため、ビジネスパーソンとして大きく成長する機会にもなり得ます。**キャリアを重ねてきたミドルにとっては、自分が仕事でやってきたことを体系化する機会にもなる**でしょう。

ただし、大学院での学びは、専門性のレベルも相応に高いので、あまり深く考えずに進学してしまうと、入学後に「どうも自分には合わない」「周囲のレベルについていけない」「仕事との両立は大変すぎる」と挫折してしまう人も少なくありません。

自信がない人は、科目等履修生などから段階を追って頭と体を慣らしていくという方法もあるので、大学院に相談してみるといいでしょう。

⑧教養・趣味の習い事

これは③読書（教養書）の次のステップの学びに位置づけられます。講座や教室などに通うことでより深い知識・見識を得ることができます。ワインなどをイメージすればその意味はわかりやすいですよね。本で読むだけでなく、実際にテイスティングなどをしながら学ぶことで本物の教養が磨かれていきます。

また、教室は趣味を共有する仲間を作る機会になるというのも大きなメリットです。

⑨講師役など発信

講師役を務めることはまさにアウトプット型の学びです。講師役というのは、要するに自分が身につけた仕事上のスキルなどに関して、ある程度体系的に整理して人に教えることと全般を意味しています。

一般のサラリーマンでも、社内の勉強会や研修などで講師役を務める機会はあるもの。そのようなチャンスがあれば積極的に手を挙げることで、自分にとって有用な学びへと結びつけていくことができます。

普段やっていること、わかっているつもりのことでも、いざ人に対して体系的に説明しようとするとなかなか簡単ではありません。なぜかというと、わかっているつもりでも知識に抜けがあったり、そもそも自分の中で体系化ができていなかったりするからです。人に教えるためにはまずこの体系化をしっかりとやる必要がありますし、抜けている知識も埋める必要があります。

また、意外な視点からの質問があれば、教える側にとっても気づきになりますし、講師役を数多く務めることで伝える力も養われていきます。

ネットを活用して仕事に関するテーマの発信をしていくことにも同様の意味がありま す。SNSや個人サイトでの発信はいつでも誰でもできますから、積極的にチャレンジしてみてください。

⑩投資・M&A

「これが学び?」と思うかもしれませんが、実際に会社に投資をしたり、個人M&Aで会社を買ったりすることは、経営に関する実地の学びの機会になります。特に定年後に独立を考えている人には、経営者のマインドセットを学ぶ非常に有効な手段です。

経営に関係のない立場で経営について学ぶより、自分の利益に直接関係するリスクを負った立場で経営について学ぶほうが、経営のリアルを体感するにははるかに近道だからです。

もちろん会社を買うとなれば安くない出費が必要なので、思いつきでいきなり個人M&Aをすることはおすすめできませんが、少額の株式投資から始めて段階を追って経営を学んでいけば、決して一般のサラリーマンには手が出ないというものではありません。

⑪弟子入り（社内・外）・バイト・ボランティア

このMAPの下の段階から徐々に学びのステージを上げていくなかで自分のやりたいことがだんだんと見えてきたら、その仕事に携わる機会を自ら作って、実際の仕事を通してアウトプット型の学びへと進んでいきましょう。

チャンスはいろいろとあります。例えば、講演会・セミナーを通して自分のロールモデルとなるプロが見つかったら、無償で仕事の手伝いをさせてもらう（弟子入り）という方法もあります。もちろん受け入れてもらえるかどうかは相手次第ですが、チャレンジしてみる価値はあります。人手が足りなくて苦労している場合も多いですから、丁寧に人間関係を築いていけばうまくいく可能性も十分あります。

また、興味がある分野の会社や団体で、バイトやボランティアで働かせてもらうという方法もあります。特にバイトの募集はしていなかったとしても、「ボランティアであれば」

と受け入れてもらえることもあります。この場合も、経営者やキーパーソンに丁寧にアプローチをして、自分の目的を伝え、人間関係をしっかりと作っていくことが大切になります。

実際の仕事の現場で得られる知識やスキルは、本で得られるものの比ではありません。いろいろな状況における判断、力の入れどころ、周囲の人たちとの関係の築き方など、生々しい仕事のリアルを学ぶことができます。

⑫勉強会・SNS・交流会

これは⑨講師役など発信の発展形ですね。自分でテーマを掲げて人を集めて勉強会や交流会、あるいはSNS上のネットワークを作り、ときには自分で講師役も務めるという、まさに参加型、アウトプット型の学びです。ちなみに本書では、勉めることを強いられる勉強よりも、自ら学ぶことを奨励していますが、ここでは一般名称として通じやすい勉強会という言葉を使います。

そのテーマに関心がある人、実際に仕事にしている人が集まって情報交換をすることは、業界や仕事のリアルを知るうえで非常に役立ちますし、触発されるものも多い。仕事につながる人脈も得られますから、実利、マインドセット両面でメリットがある方法です。

この場合、ポイントになるのは、**何かを教えてもらう、人から何かを与えてもらうという受動的な姿勢で取り組むのではなく、まさに参加型の姿勢で、自分自身から発信していくこと。**その意味では、MAPの下から学んでいって、発信できるだけのものを自分の中で整理、体系化するプロセスも重要です。

⑬個人コーチング・コンサルティング

ミドルが会社を辞めて独立すると、もはや決められたルートがあるわけではないですから、自分の道に迷うことも当然多くなります。そんなときに支えになり得るのが、個人を対象としたコーチングやコンサルティングです。

最近は個人対象のコーチングをビジネスとしている人も増えているので、サービスとして活用することもできますし、ロールモデルとしている人に個人的にコーチ役をお願いするという方法もとれるかもしれません。

ポイントになるのは、コーチングのノウハウを知っているプロに依頼するということ。適切な質問を投げかけてもらい、それについての答えを考えるなかで、自分の頭の中を整理し、将来像を明確にしていくことがその目的だからです。

これもマインドセットに関する参加型の学びの一つ。自分を知るために貴重な機会になり得ます。

＊　＊　＊

どうでしょうか。一口に学びといっても多様な方法があることがおわかりいただけたのではないでしょうか。このＭＡＰを参考に、現時点での自分の状況や目的に応じて、適切な学び戦略プランを検討していきましょう。

「学び戦略」で第二の職業人生を切り拓いたミドルたち②

好きなワインを軸に、ソムリエールとフリー編集者・ライターの二足のわらじで働く

谷 宏美さん
ワインバー「ローディ」ソムリエール
フリーランス エディター／ライター

【プロフィール】新卒で全国紙の新聞社に就職し、広告局に配属され、地方勤務も経験。20代後半で雑誌系出版社に転職し、ファッション誌の広告営業を担当。36歳で編集部へ異動し、エディターに。プライベートでは、20代後半から本格的にワインを愛好。40歳のとき、J.S.A.認定ワインエキスパートを取得した。41歳で結婚。47歳で会社を辞め、夫がオーナーを務めるワインバー「ローディ」のワインディレクター／ソムリエールに。同時にフリーランスのエディター／ライターとしても活動を始め、現在に至る。

●「やりたいこと重視」で、36歳のとき営業から編集へ職種転換

大学卒業後、大手の新聞社に入社。ジャーナリストを目指していたわけではなく、新聞というバックグラウンドをベースに、国際交流や文化のシンポジウムやエキシビションなどを企画したいと考えて事業局勤務を志望した。

しかし配属されたのは広告局で、当時広告出稿が増えていた外資系ファッションや化粧品ブランドを担当した。持ち前の好奇心と取材力でさまざまな企画を立案し、アドバトリアルや紙面に絡めたイベントなども実現。スポンサーを獲得することでアイデアを形にすることができるメディア営業のおもしろさを知る。

雑誌関係者と接点が多かったことから、20代後半で出版社に転職。マスメディアから、ターゲティングされたファッション誌にフィールドを変えた。

「広告は媒体の重要な情報でありコンテンツ。アイデア次第でさまざまな表現が可能です。単なるスペースのセールスではなく媒体のコンテンツ制作に携わっているという意識で、具体的な企画の構築やキャスティングをやったりしていたので、編集ペー

ジを作りたいと思うようになったのは自然なことでした。それまで養ってきたトレンドをキャッチする力、積み上げた知識やネットワークをより目に見える形で活かしたいと考えたのです」

こうして、担当していた雑誌の編集部のビューティエディターとして発信を始める。営業部で業績を上げていたが、編集者としては一からのスタート。年下の先輩たちに教えを請うことになるのを覚悟での選択である。編集の仕事は専門職ではあるが、長年メディアで培った創造性やコミュニケーション力が、取材してコンテンツを生み出す力につながった。また歳を重ねていろんなことに対応できる力が身につき、そのことでカバーできたと感じることも多いという。

一方、プライベートでは若い頃から多趣味。茶道、歌舞伎鑑賞、スキー、ゴルフなどを愛好してきた。好きになるととことんまでやる性格で、茶道とスキーに関しては人に教えることができる資格も持っているという。この趣味のラインナップにワインが加わったのは20代後半だった。

「とある会食の席で、ブルゴーニュのクロード・デュガという醸造家が造ったジュヴレ・シャンベルタンというワインを飲む機会があったんです。それがもう衝撃で。それまで飲んできたワインとは香りも味わいも深みも全然違う。なぜだろう、何が違うんだろうと、それ以来のめり込んでいきました」

それからは毎日のようにいろいろなワインに触れ、写真に撮って味わいや香り、生産者の情報に関するメモとともに記録していったという。

ブドウと風土と人、そして時間が生み出す芸術品。元来ガストロノミーに高い関心があったこともあり、究極の食文化としてのワインの奥深さに傾倒していく。飲む機会を増やすだけでなく、ワインショップに足を運んだり、書籍や雑誌を通して、好きな産地や品種の知識を蓄積。同時にワイン好きが集まるワイン勉強会も定期的に開催。ワインは谷さんの生活には欠かせないものになっていった。

●働きながら短期集中の猛勉強でワインエキスパートを取得

とはいえ、20代から30代まではワインに関しては一愛好家。ここからさらにワインの世界に踏み込んでいったのが40歳のときだ。

「『ワインエキスパート』という認定資格があることは知っていましたが、美容のエディターなので活かす場はないと思っていました。けれど実際に資格取得者と接する中で、ワインを楽しむにも必要な知識が得られるんだなと思うようになったんです。そこで、40歳になる記念に資格を取るのもおもしろいかもしれないと。ワインが好きなことを何かで形にしたいという思いもありましたから」

まずは様子見を兼ねてワインスクールの初級クラスを受講。その講義内容をそれまでに蓄積してきた知識で概ね理解できたことから、その年の受験を決意。試験まで3カ月と期間は差し迫っていたが、急遽スクールの受験対策コースも受講することに。

J.S.A.(日本ソムリエ協会)認定資格には、飲食業の実務経験が必要なソムリエとワインエキスパートがある。編集者である谷さんが受験できるのはワインエキスパートで、サービスの実技試験がないほかは筆記、テイスティングともソムリエ試験と同等である。決して簡単なチャレンジではなかったが、ここで持ち前のとことんまでやる性格が発揮される。スクールは平日夜間週2日の受講だったが、受講後に会社に戻り仕事をすることもしばしば。さらに仕事を終えて帰宅した深夜に勉強する日々が続いた。その結果、初回の試験で見事に合格することができた。

それにしても趣味のためになぜここまで努力できたのだろう。

「生産地の背景や土壌の歴史、ブドウ品種の個性、栽培や醸造のテクニック、造り手のキャラクター、料理やチーズとのペアリングなど、ワインに関する情報は奥深く際限がなく、知れば知るほどおもしろかった。一つの文化だと感じ、知っていることが増えていくのが本当に楽しいと感じていました」

資格試験を受験し、ワインに関する体系的知識を得ることができたのは大きな収穫だった。主要な産地とブドウ品種を一通り学び、この資格取得はあくまでワインの入り口に過ぎないと認識。その後は国内外の産地を訪問して生産者の話を聞いたり、テイスティングセミナーや試飲会に頻繁に足を運ぶなど、学びモードはさらに加速することになる。

●会社を辞め、夫が経営する店に参画。第二の職業人生が始まる

ここで、谷さんのキャリアに大きく影響した夫について触れておこう。もともとは高校の同級生。ただし、当時はほとんど交流はなかったという。再会したのが、高校時代の友人と夫がオーナーを務める『ローディ』へ食事に行ったとき。ソムリエでもあり、好きなワインのタイプやスタイルが似ていたことから、ワイン勉強会を通して自然と関係が深まり、結婚に至った。

その後も谷さんは編集者として働いていたが、40代後半のあるとき、「ローディをワインバーにしたいのだが、一緒にやらないか」と提案された。

雑誌やWEBでさまざまな企画を手がけ、アイデアが記事になる仕事は充実していた。しかし、SNSの台頭によってメディアのあり方も変わりつつあり、編集部で働き続けることに自問していた時期でもあった。ビューティの分野でキャリアを築いてきたが、ワインと食を生業にしたいという気持ちが高まっていたこともあり、夫の店に参画するために、会社を辞める決断をする。

「ここまで好きで掘り下げたワインや料理の知識を、ローディからリアルな形で発信することができる。食とサービスを提供しそこに人が集う『店』という空間は一つのメディアになりうるし、それはとてもやりがいのあること。エディターとして積み上げたキャリアは、フリーランスとしてできる範囲で続ければいい。そう考えたんです」

こうして47歳で谷さんは第二の職業人生へと一歩を踏み出した。ワインの仕入れやメニューの開発を担当しながら、シフトでホールや厨房に入る。プロとしての接客や調理の経験はないが、年の功による知恵と知識、そして茶道を通して学んだもてなしの精神で自分なりのサービスを試行錯誤する。

一方で、お店を、ワインを軸にした発信の場、集いの場としていきたいという思いから、ジャズや落語などのイベントを企画。曲や演目のテーマに合わせたワインを自らセレクトして提供。独創的な文化のコラボレートの場を生み出すセンスは元編集者ならではと言えるだろう。

ライターとしては、当初ワインを専門とするプランではなかったが、ワイン専門誌からの執筆依頼があったことで、こちらもワインが中心になっていく。

「非常に専門性が高いため大御所とベテランしかいないワインジャーナリズムの世界で、この歳にしての新人デビューのようなもの（笑）。そりゃあ大変です。さらに、気候変動で産地の状況は変化し、栽培や醸造の技術も進化していますし、ファッションやビューティと同様にトレンドもあります。10年前に受験で学んだことはもう役に立たないことも多く、本当に日々、情報のアップデートが求められるんです」

ワインに関する取材・執筆は最高の学びの場でもあると谷さん。国内外の産地を訪れる機会も多く、そこで出会ったワインや造り手を、メディアに書くだけでなく自分の店でも紹介することができるのだ。店をロケ場所に使うこともよくある。そんな現場を持つワインライターは稀である。さらにワインスクールのオウンドメディアの監修・執筆、輸入業者のカタログ制作やコンサルティングなど、フリー編集者・ライターとしての仕事の幅も広げていった。

「ローディ」はコロナ禍で従業員6人体制から夫婦二人だけの店へとモデルチェンジを余儀なくされたが、いっそう丁寧にワインと料理を提供できる店になったと、谷さんは感じている。酒類提供禁止による休業中はライター業でずっと忙しく、「店が再開したら困ると思うほどです（笑）」。

「もう夫婦ともに50オーバーですから、自分たちがサステナブルであることが大事。ワインが好きで店のファンでいてくださるお客様を大切にしつつ、価値を共感できる方との意義ある仕事を、ライターとして選んでいきたい」

今までのキャリアで積み重ねてきたことを活かしつつ、好きなことを軸にマイペースで働く谷さんのライフスタイルは、第二の職業人生の一つの理想形なのかもしれない。

第3章

自分探しの迷路から抜け出せ！
自己分析はこれだけやれば十分

●学び戦略を立てるためには、自己分析が必要不可欠

ここまで、ミドルにとって幸福な第二の職業人生を手に入れるために、学びがいかに有効であるかを説明してきました。しかし、いきなり学びと言われても何をしていいのかがわからないという人も多いはずです。

本書で繰り返し論じてきたように、20～30年、会社の方針に沿って、その指示に従って働くことを強いられてきたサラリーマンにとって、「自分が本当にやりたいことは何なのか」は長い間蓋をしてきたテーマです。

しかし、この根本的な命題に蓋をしたまま学び始めても意味はありません。行く先も決めず、海図もなく大海に船を出すようなものだからです。

つまり、ミドルが第二の職業人生を目指して学ぼうと思ったら、まず自己分析をする必要があるということです。

「50歳にもなって自己分析もないだろう。学生じゃないんだから」と思う人もいるかもしれませんね。しかし、自分のことは意外と自分ではわからないものです。自分を理解することは年齢やキャリアを問わず、本来、誰にとっても必要なこと。もうすでに自分のことは十分理解しているというなら別ですが、そういうミドルは決して多数派ではないでしょう。

聖路加国際病院名誉院長だった故・日野原重明さんが、105歳の頃に著した『生きていくあなたへ　105歳　どうしても遺したかった言葉』(幻冬舎)で、こう語られています。

「105歳という年齢を迎えてもなお、僕にはまだ自分でも知らない自分がたくさんあり、その未知なる自分と出会えるということに、心からわくわくしているのです」

「100歳を超えたあたりから、自分がいかに本当の自分を知らないでいたかということを感じる」

「世の中でいちばんわかっていないのは自分自身のことだ、ということに気づくことができました。これは、年をとってみないとわからない発見でした」

日野原さんの半分しか生きていない50歳前後のみなさんには、まだまだ自分の知らない自分、自分の気づいていない可能性があるのではないでしょうか。

日本の多くのサラリーマンは、第二の幸せな職業人生に向けてするべきことをしてきませんでした。自分の生き方・働き方の意思決定を会社任せにしてきたのです。職業人生の前半はそれでよかったかもしれませんが、これからは違います。会社から、自分の人生のオーナーシップを取り戻そうとするなら、自己分析は必要不可欠なプロセスなのです。

とはいえ、**ただひたすら自己分析ばかり繰り返していても仕方ありません。自分一人で悶々と考えていても、結局、明快な答えなど出ない**からです。大まかに自分の進むべき方向が見えてくるだけに過ぎません。

本当の自分、本当にやりたいこと、これからの天職は、外に出て、人と交わりながら学ぶようになって初めて、手応えをもって理解できるようになります。

しかし、自己分析をしなければその大まかな方向すら見えてきませんから、あまり時間をかけず、２カ月なら2カ月、３カ月なら3カ月と自分で短めに期限を切って取りかかりましょう。第2章で触れたトライアルの学びと同時進行でも構いません。詳しいやり方はこの章の後段で解説します。

●リクナビ編集長時代のデジャ・ヴュ

ところで、自己分析をするうえで大事なことは何でしょうか。それはマインドセットです。もっと簡単に言えば、どんな気分で取り組むかが非常に大事なのです。

２０００年代の半ば、リクルートで就職支援サイト『リクナビ』の編集長を務めていた頃、私は多くの就活中の学生と対話をし、彼らの生の声を聞き、その表情を見てきました。

そのときに感じたのは、これから社会に出ようとしている大学生たちに「元気がない」ことでした。これが就職氷河期だったらまだわかります。しかし、当時は企業の採用意欲も戻り、売り手市場傾向で、就活生には追い風が吹いている時期でした。

学生が初めて社会へ出るにあたっては当然不安もあります。それは私たちの学生時代も同じでした。でも、社会に出ることには、不安と同時にワクワク感もあったと思うのです。バブル景気という時代性もあったでしょうが、決してそれだけではありません。私は少なくとも希望を抱いて社会へ出ました。

しかし、私がリクナビ編集長として出会った当時の学生たちからは、そのワクワク感があまり感じられなかったんですね。

理由の一つは、90年代半ばから10年にわたって続いた就職氷河期の強烈なインパクトが、就職状況が改善してもなお、学生たちの心に強く残っていたことです。「正社員として、少しでも大きな会社に就職しないと人生が大変なことになる、新卒入社は人生に一度きりの機会。ここで失敗するわけにはいかない」という気持ちが学生の間に広がってしまっていました。

そこにあるのは将来への期待感というより、リスクヘッジの心理です。将来にリスクを感じ、その恐怖感が彼ら彼女らを就活へと駆り立てていたのです。

同時に、この頃までには、インターネットの普及により、就活に関しても情報が溢れかえるようになっていました。また、大学のキャリアセンター、民間の就活支援サービスなども充実し、自己分析に始まる就活の一連の流れ、ノウハウが、当たり前のこととして学生の間に浸透していました。どの時期になったら何をすればいいかについてレールが敷かれていたのです。

未来への恐怖に駆られて、他人に敷かれたレールに乗り、社会に出るための就活に希望を抱けずに取り組む学生たち……。そのような背景が理解できれば、彼ら彼女らに元気がなかったのもよくわかります。

なぜ今ここでこのような話をしたかというと、当時の学生の姿が、今のミドルの姿と重なったからです。**今のミドルも、この先の人生に対する不安感から、どこか追い詰められたような心理状態になっています。**

会社のなかでこれ以上の出世の芽がないどころか、役職定年、定年再雇用へと、あとは下っていくのみのサラリーマン人生。それでも居場所があればまだよいほうで、早期・希望退職募集の対象となり、「働かないおじさん」と周囲の白い目を感じることもしばしば。

家族のことを思うと、転職に踏み切ることはリスクでしかないけれど、徐々に他の選択肢は失われ、じわじわとタイムリミットが近づいてくる……。

こうした心理状態で、未来への期待感ではなく、失敗することへの恐怖にとらわれてしまっているように私には思えます。前二作（『50歳からの逆転キャリア戦略』『50歳からの幸せな独立戦略』）の読者から寄せられた声からも、そのような不安感が色濃く読み取れました。

●ネガティブな気持ちで自己分析をすると、本当の自分は見えない

自己分析の話に戻りましょう。

私がリクナビ編集長時代に見てきた学生たち、あるいは今のミドルたちのようなネガティブな気持ちで、何かに強いられるように取り組む自己分析からは本当の自分は見えてきません。恐怖心によるバイアスがかかってしまうからです。

「こんなことが強みだとしても、きっと社会では通用しない。もっと何かアピールになる強みは見つからないものか……」「こんなことが好きだとしても、社会で求められるスキルにつながらない。何か他のことはないか……」といった具合に、ネガティブな心理が随所に顔を出し、素直に自分をとらえ直すことを邪魔します。

結果として、本来の自分を大幅に脚色したり、場合によってはありもしない自分をねつ造したりしてしまう。これでは自己分析になりません。

「こんなこと」で構わないじゃないですか。

上司の評価も同僚の見る目も関係ない。自己分析とは、素直な気持ちで自分に向き合い、ありのままの自分をとらえ直すことです。他人から見たら取るに足らないように思えることでも、子どもじみているように感じられることでもいいのです。重要なのはあなたが感じるあなたの強みは何かということであり、あなた自身が、何が好きかということなのですから。

そのためには、マイナスの心理的バイアスがかかっていない、素直な前向きな気持ちで取り組むことが大前提です。

未来がどう転ぶかはわからない。それは当たり前の話です。不透明な未来は、ただ漫然と想像すると恐怖心ばかりをもたらすかもしれません。

しかし、あなたはこれから、会社に握られていた人生のオーナーシップを自分の手に取り戻し、第二の職業人生へと向かおうとしているのです。そこにはきっと今まで感じたことのなかった幸福感や充実感がある。それは素晴らしいことです。

ぜひ、そんな未来へのワクワクした希望を抱いて自己分析に取り組んでください。

●内村鑑三『後世への最大遺物』に学ぶ

自己分析に臨むためのマインドセットに関して、もう一つ、みなさんにお伝えしておきたいことがあります。

明治時代の思想家である内村鑑三は、キリスト教徒第六夏期学校での講話を記録した

『後世への最大遺物』という著書のなかで、人が人生を通して後世に遺《のこ》すべきものとして、次の４つを挙げています。

1　真面目なる生涯
2　思想
3　事業
4　金

この順番はそのまま内村鑑三が考えるプライオリティを示しています。

内村鑑三は、「金」を遺すことも大事だし、「事業」を遺すことも大事だと言っています。しかし、それらのプライオリティはあくまで4番目と3番目です。形として遺るお金や事業以上に、利益や財産には直接つながらない「思想」のほうに重きを置いています。

そして、人生を懸けて追究し、まとめ上げる「思想」以上に、その人の思想や行動の原点にある「真面目なる生涯」を最も重要な、後世に遺すべき素晴らしいものとして挙げています。

本当に大事なのは「いかに生きるか」。ビジネスで大儲けすることよりも、その姿を周囲にいる多くの人が見ているのです。そして、その真摯な生き様が人々に影響を与え、その生き様を永く語り継いでいくことにもなる。それこそが後世の人をも動かす「最大遺物」だと言っているのです。

私はこの考え方にハッとさせられ、同時に大きな感銘を受けました。

現代を生きる私たちはつい目先の問題に左右され、一本しっかりとした軸を貫いて生きるということを忘れてはいないでしょうか。自らの生き様を自らに問うてきたでしょうか。本当に大切なのは日々をいかに生きるかなのです。

ちなみに、内村鑑三がこの言葉を伝えたのは30代半ばのとき。その若さで後世に、自分は、人は何を遺すべきかを真剣に考えていた明治の偉人のスケールの大きさに驚嘆します。

学び戦略を立てるための自己分析の際にも、第二の職業人生のキャリアビジョンやミッションを思い描く際にも、この内村鑑三の考え方はきっと参考になるはずです。

自分がこれからの人生でどのように生きていきたいのか、周囲の人にどのような生き様を遺したいのか――それを念頭に置いて自己分析に取り組んだとき、きっと本当の自分が見えてくるはずです。

●自分にとっての「働きがい」を明らかにし、それを第一に仕事を選ぶ

本章の自己分析では、**自分の中のルールを変えること（ワーク０）からスタートし、自分のキャリアの振り返り（ワーク１）、気になる仕事研究（ワーク２）を経て、学び方針整理（ワーク３）へとつなげていきます。**

その過程で重要となるのは、自分にとっての「働きがい」を明らかにすることです。

働きがいを第一に考えることによって、第二の職業人生においてずっと続けていける仕事、つまりあなたにとってのライフワーク、そしてライクワーク（生きがいのための仕事）を見出すことができるからです。それはこれまでのライスワーク（食べるための仕事）とは１８０度異なるものです。

多くのミドルは、これまで経験してきたことの範囲内で、自分にできることを第二の職業人生でも仕事にしていこうと考えがちです。しかし、そもそもそれが本当にやりたいこととは限りません。また、ビジネスが大きく変化している今、過去の経験値だけに頼って今後のキャリアを考えることはリスクも高いのです。

だからといって、今までの経験をすべて捨てて、まったく何の経験もない、土地勘もない仕事にゼロからチャレンジすることも別の意味でハイリスクです。

では、どう考えたらいいのでしょうか。次のロジックがヒントになります。

できる→役立つ→働きがい→やりたい！

この順番で頭を整理していくのです。

まずは今の自分にできることは何かを改めて掘り下げます。

次に、自分にできることをベースにして、どのように人々の役に立てるかを考えていきます。

それは今すぐできることでなくても構いません。「今の自分にこのような＋αがあれば、こういう仕事で人々に貢献できる」ということがイメージできれば十分。＋αは学べばいいのです。

ただし、ベースがないところに＋αオンリーでやっていこうとすると無理が生じてしまいます。だから、ある程度ベースがあるところで勝負することが大事なのです。

次に、自分がその仕事で人々の役に立っているシーンを想像してみましょう。そこに「働きがい」を感じることができれば、その仕事こそあなたが本当にやりたいと思えるライクワーク候補となると言えます。

「働きがいを第一に考える」。これを念頭に置き、早速ワークを始めてみましょう。

【自己分析ワーク0】自分の中のルールを変える

ここから、具体的な自己分析の方法を説明していきましょう。まずは、自己分析のための準備とも言うべき、ワーク0です。

自己分析に臨む際のマインドセットについては、この章の前半部分でも触れましたが、ここではより踏み込んで、**①定年、②仕事、③プライド、④出世、⑤成果、⑥目標、⑦人間関係、⑧収入、⑨支出、⑩学び、⑪人生、**この11項目に関して、自分の中のルールを変えるという作業に取り組みます。

左の図を見てください。

各項目、左側が古いルール、右側が新しいルールです。

今までみなさんの考え方や行動を縛ってきた左側のルールを捨て去り、第二の職業人生の思考・行動原理となる新しいルールを自分のものにしていくのです。

ルールを変える！

定年	職業人生リタイヤ	→	第二の職業人生スタート
仕事	労働・苦役（レイバー）	→	自主性・喜び（ワーク）
プライド	肩書き	→	働きがい
出世	昇進・昇格	→	世に出る・社会評価
成果	時間	→	価値
目標	売上・利益	→	お役立ち
人間関係	名刺を通じた人脈	→	名刺に依存しないご縁
収入	給料をもらう	→	報酬を稼ぐ
支出	消費	→	投資
学び	社内研修・ラーニング	→	自己啓発・アンラーニング
人生	会社がオーナー	→	自分がオーナー

新しいルールは、あなた自身を過去の呪縛から解き放つはずです。

これから始める自己分析においてはもちろん、これから先の人生においてもこれがあなたの新しいルールになります。何らかの判断や行動をする際には必ず意識してください。

では、一つひとつ見ていきましょう。

①定年

「定年で自分の職業人生は終わり、あとはリタイア生活が待っているだけ」という考え方は、「人生100年時代」と言われる今、もはや通用しません。そこから先も「働く」人生は続いていくのです。

ただし、それはつらいことでも苦しいことでもありません。やりがいを持って「働く喜び」を感じながら過ごす、幸せな第二の職業人生です。

つまり、**定年はゴールではなく新たなスタート**ということです。

②仕事

定年になれば会社の仕事をもうしなくてもいい、そう考えると解放感を覚える人もいるでしょう。それは、あなたにとって働くことが「苦役」になってしまっているからです。他人から強いられて何かをすることは確かに苦しい。これは心理学の研究でも科学的に明らかにされている事実です。

仕事にはさまざまな定義があります。「労働」「労働者（労働階級）」を意味する英語にlabor（レイバー）がありますが、これはラテン語由来で「苦役」というマイナスイメージを持っています。一方で、「仕事」を意味するwork（ワーク）は、ゲルマン語由来で「自主的に活動する」といったプラスイメージがあるのです。

同じ仕事でも、自分から主体的に取り組むことであれば、やりがいや喜びを感じることができる。それならば話は簡単です。自分がやりたい仕事に自分の責任で取り組む、それをルールにしてしまえばいいのです。

会社に強いられる「レイバー」から、喜びを感じながら働くことができる「ワーク」へ。そのシフトチェンジを図りましょう。

③プライド

特に大きな組織にいる人、高い役職に就いている人にとっては、肩書きこそがプライドでした。しかし、その価値観が絶対的だったのは昭和・平成まで。いや、平成の間にはもう、大企業に勤めることや肩書きのブランドに大した価値を感じない若者はどんどん増えてきていました。

第二の職業人生で独立の道を選んだ場合、会社や肩書きのブランドを失うことに不安を感じている人も多いかもしれません。しかし、そのブランド価値そのものが今はもう崩壊しかかっています。すがりついたところで意味はないのです。

この本の執筆が佳境を迎えていた2021年10月、雑誌『SPA!』から取材を受けました。その特集タイトルは「正社員［9割は負け組］説」でした。

では、令和を生きる今の私たちの職業人としてのプライドとは何でしょうか。それは「働きがい」です。他人がどう思おうと、自分が働きがいを持って取り組むことができるなら、そこにプライドを持つべきではないでしょうか。

④出世

サラリーマンにとって「出世」とは何かと聞かれたら、多くの人は当然のように組織内で昇進・昇格することだと答えるでしょう。しかし、第二の職業人生では、会社軸の評価を自分の目標にすることはもはや意味を持ちません。

「出世」とは読んで字のごとく、本来は「世に出る」という意味です。**自分の仕事が、自分という人間が世の中で認知され、求められるようになることこそ本当の「出世」**です。

会社というムラ社会の評価にこだわるのはもうやめにしましょう。あなたの価値を決めるのは社会です。社会と向き合って仕事をすることを自分のルールにしましょう。

⑤成果

サラリーマンにとっての成果とは何でしょうか。

成果主義などの評価手法もありますが、大原則としては、多くのサラリーマンは時間で管理されています。決められた時間に出勤し、決められた時間働くことで給与が保証されるというシステムが基本にあります。

これは、かつての工場労働者などブルーカラーを想定した管理手法です。工場労働は一定の教育を施せば誰でも同じ程度のパフォーマンスを出せるようになる。だから一律の時間管理でよかったわけです。しかし、こうした管理手法は、そもそもホワイトカラーの頭脳労働やサービス業の感情労働には適していません。顧客を満足させる価値を生み出せるかどうかが問われる仕事を時間で管理するのはナンセンスです。

一方で、時間で管理されることに慣れてしまったサラリーマンは、どれだけの時間働いたかということに自分でも重きを置くようになってしまっています。いかに長時間働いたかの自慢などはその典型と言えるでしょう。**「働いた時間＝成果」というおかしな考え方が染みついてしまっているの**です。

しかし、今や企業でも働き方改革が叫ばれている時代。長時間働くことよりも、働くことによって生み出される価値に注目するように、世の中全体が変わってきています。

定年後に独立した自分をイメージしてみれば、時間で成果を測ることの無意味さは容易に理解できるはずです。何時間働こうが、契約が1件も取れなければ意味はありません。週2、3日しか働かなくても、十分な価値を生み出すことができればそれでいいわけです。

自営業者はもとからこのような生み出す価値を重視するルールで働いています。昭和・平成のサラリーマン的な「時間による管理」の呪縛からは一刻も早く脱却しましょう。

⑥目標

昭和・平成のサラリーマンにとって、目標と言えば、イコール売上や利益などの数値目標でした。しかし、「何のために働くのか」という原点に立ち返って考えれば、数字の達成を最終目標とすることの無意味さはすぐに理解できるはずです。**私たちは数字のために働いているわけではない**はずですから。

私たちが働くのは何のためかと言えば、社会や人々の役に立つためです。

もちろん、会社は利益を上げなければ存続することができません。その意味で売上や利益は必要ですが、それは、お客様の役に立つという目的実現のための中間目標に過ぎません。いくら好業績を上げようが、それがお客様への「お役立ち」につながっていなければ意味はないのです。しかし、会社組織のなかで視野狭窄《きょうさく》に陥ると、目先の数値にこだわり、それに縛られる本末転倒な事態に陥りがちです。

私はかつてリクルートで、大学生の就職を支援する情報誌『就職ジャーナル』の編集長をしていましたが、就任前、就職や就活に対する学生の不安を煽《あお》るような記事で若者たちを就活レールに乗せて、エントリーシートの書き方やＳＰＩ・面接対策などのマニュアルを提供することで、同誌が部数を維持していることに疑問を感じていました。

部数のことだけを考えれば、そのまま不安を煽り続け、採用されるためのノウハウを指南すればよかったのでしょう。しかし、学生には働く目的を考えてほしいし、もっと就職に対して前向きな気持ちを持ってほしい、社会で仕事をすることに希望を抱いてほしいと考えていた私は、編集方針をガラッと変えました。働くことのリアルを伝え、一人ひとりが就職する意味を考えられる企画を前面に打ち出したのです。

その結果、部数は若干下がりましたが、私には後悔はありませんでした。就活生への「お役立ち」という観点から考えたとき、自分のしたことは間違っていなかったと思うからです。この信念は、起業し経営者となってから強まる一方。共に働く仲間たちにも「売上数字を追うな。お役立ちを追いかけよう」と常々話しています。

「売上・利益」から「お役立ち」へ。お客様のために働くことを今から自分のルールとしましょう。

⑦人間関係

長く会社員を続けていると、取引先など仕事がらみの人間関係は広がっていきます。しかし、それらはほとんどが名刺交換から生まれた、肩書きと肩書きの関係です。そのつながりは、あなたが所属している会社、就いているポジションに依拠したつながりに過ぎません。つまり、会社を辞めた時点で失われてしまうものです。

第二の職業人生で大切にしてほしいのは、人と人との信頼関係に基づく「ご縁」です。

そのご縁は決して仕事だけの関係ではありません。地域や趣味のサークルなど、さまざまなコミュニティでの出会いや交流もご縁。学生時代からの古い友人などもそうですね。このような肩書き抜きでつながる関係はサステナブルです。

いざというときあなたを支えてくれるのは、家族とともに、そのようなご縁です。肩書きにこだわらない人と人との関係づくりを大切にするよう、自分の中のルールを変えましょう。

⑧収入

「給料」は、基本的には、決められた日数、決められた時間だけ働けば、一定の額が機械的に振り込まれます。かつ、年功序列型の給与体系のもと、少なくともミドルの年齢までは毎年徐々に上がってきました。定期昇給額の頭打ちや業績連動のボーナスはアップダウンがあったかもしれませんが、長い目で見て給料は安定していたでしょう。

このように毎月一定額の給料が支払われること、上がっていくことが前提の生活を続けていると、だんだんとそれが当たり前のことになっていきます。

年功序列型の給与体系とは、若い頃抑えられていたぶんが中高年になると上乗せ支給される後払い型システムです。長年この仕組みの中で働いていると、本人としては、それが権利であるかのように錯覚してしまうことでしょう。

しかし、ジョブ型雇用のように、今の仕事や成果に対して即時払い型の給与体系が広まりつつあるなか、その前提に立つ若者からは「仕事をしないおじさん」が高い給料を得ていると映ってしまう状況が生み出されています。

一方、自営業者には安定した「給料」はありません。自営業者の収入は、お客様に対して価値を提供し、その対価として支払われる「報酬」です。比べてみればこちらのほうがシンプルでわかりやすいですよね。提供した価値に対してそれに見合った報酬が支払われる。これが商売の本来のかたちです。

給料も、会社に対してお客様から支払われた報酬を、給与体系に基づいて再分配しているに過ぎないのですが、その仕組み上、受け取る側は、「会社から給料をもらっている」という感覚になっていきます。その先にいるお客様に目がいかなくなり、内向き志向になっていくのです。

もしあなたが定年後に独立を考えているなら、収入に関しては**「給料をもらう」という考え方を捨て、「報酬を稼ぐ」という方向に頭を切り替えましょう。**もちろん、独立を考えていなくても、このルールの変更は有効です。必然的にお客様に目がいくようになり、仕事の質が変わってくるからです。

⑨支出

サラリーマンにとっての支出とは、毎月の給料をどう使うかということ、つまりは「消費」です。入ったお金をどんどん使っていく。生活のために必要なものを買い、使った分だけ、モノや娯楽を得ることができますが、お金が増えることはありません。

それに対して、自営業者になると、支出に関しては「投資」という考え方が強まります。もちろん、自営業者であっても消費はしますが、収入の使い道を考えるとき、まず事業にプラスになる「投資」を意識するということです。会社員であっても余裕資金で株式や不動産などに投資している人も多いでしょうが、自営業者になると、仕事そのものにおいて投資という感覚が欠かせなくなります。組織を束ねる経営者になれば、常に取るリスクと期待するリターンを念頭に、投資の感覚が鋭くなっていきます。

自営業者の投資の最たるものが、次に挙げる「学び」です。学ぶことによって知識やスキルに磨きをかけ、パフォーマンスを高めることで収入を増やしていく。「消費」から

「投資」へルールを変えて、このサイクルを実現していきましょう。

⑩学び

サラリーマンも数多くの社内研修を通して学んではいます。しかし、その多くは会社から課されたもので、義務で仕方なく受講している人も少なくありません。学ぶ動機が主体的ではないため、せっかくの学びの機会を活かせないことが多いのです。

それに対して、自営業者の学びは自己投資であり、主体的な自己啓発です。自分にとって必要だと思うことを自ら主体的に学ぶのですから、義務的に社内研修を受けている人たちとは意欲も成果も当然違います。

また、学びに関して一つキーワードとして挙げておきたいのが「アンラーニング」です。40代、50代のサラリーマンは長いキャリアの中で、社内で生きていくために必要な、あるいは旧来であれば通用したビジネスに必要な常識や思考習慣を身につけてきました。これが新しい自分へとシフトチェンジするときの足枷になってしまいます。

これらの古い常識や思考習慣を捨て去り、新しい常識や思考習慣を身につけること。積み上げ型の「ラーニング」から、この「アンラーニング」という考え方に切り替えることで、あなたの学びの質は確実に変わります。

⑪人生

最後は、①～⑩の集大成であり、本書でここまでに繰り返し伝えてきたことでもあります。あなたにとって**最大のルール変更とは、「自分の人生のオーナーシップを、会社から自分の手に取り戻す」こと。**これに尽きます。

あなたは、そのために学ぶのです。そして、これが実現できれば、幸福な第二の職業人生はグッと近づいてきます。

＊　＊　＊

自分の中のルールを変えることは実はそう簡単なことではありません。「よし、変えていこう！」と意気込んでいても、いつの間にか古いルールに縛られている自分に気がつくということも多々あることでしょう。

だからこそ常に意識し続けることが重要です。意識して新しいルールで思考し、行動することが次第に習慣化したとき、あなたは新しい自分を獲得できるはずです。

続いて解説する自己分析のワーク1～3に関しても、このルール変更を意識して取り組んでください。

【自己分析ワーク1】これまでの自分を振り返る

ここからはワークシートを使った自己分析に入っていきます。ワークシートは全部で3枚あり、白紙のものを下のQRコードから↓申し込みできます（2022年末まで）。

それでは、まずワーク1から。154〜157ページの「これまでの自分振り返りシート」と記入例を参照しながら読んでください。記入例は、会社に勤めていたミドル時代の私だったらこう書いただろう、というものです。

ワーク1の目的は、このあとのワークで、自分の持ち味や強みを浮き彫りにするための前作業として、これまでの20年以上におよぶキャリアを振り返ります。どんな仕事でどんな困難をどんな工夫や努力によって乗り越えたとき、あなたは充実感や達成感を覚えたのかを洗い出していきます。

では、ワークシートの「ＳＴＥＰ」に沿って順番に説明していきましょう。

ＳＴＥＰ１「会社員として力を入れて取り組んだこと」

まずは「会社員として力を入れて取り組んだこと」を挙げていきます。

自分が振り返るための記述なので、あまり細かく書く必要はありません。ただし、「営業活動」といった書き方だと漠然としすぎるので、「２０１１年〜２０１２年に取り組んだ新規事業領域の顧客開拓」といったように、自分でイメージしやすい程度に絞り込んだ表現にしましょう。

「力を入れたこと」として思い起こされることであればいくつ書いても構いませんし、「これ！」という一つに絞っても構いません。私は、マネージャー昇格後は継続的に取り組んできた部下育成と、自ら提案し、実現したプロジェクト、私の評判を聞いた人事から依頼されたメルマガ執筆業務を挙げました。

なお、ここで**ポイントとなるのは自分軸で考えることです。会社軸での重要な仕事と、**

自分軸で「力を入れた」仕事とが必ずしも一致するとは限りません。

例えば、「会社的には大きなプロジェクトで自分は責任者だったが、実質的にはその領域が得意な部下に任せきりだった」というような場合は、ここに書く項目としてはふさわしいとは言えません。反対に、「自分の発案でお客様のためのサービス改善に取り組み、改善の手応えは得られたが、売上には直結せず、会社の評価はいまひとつだった」という場合でも、自分に「力を入れた」実感があるなら書き込んでください。

なお、漠然と考えているだけでは、**なかなか思い浮かばないという人は、シートに書き込む前に、別に簡単な年表を作ると振り返りやすくなります。**時系列で「取り組んできた仕事」を書き出し、それぞれ「自分が感じた充実感・達成感」「会社（上司）からの評価」を分けて書いていきます。モチベーション曲線を加えてもよいでしょう。

こうすることで、自分軸と会社軸を整理して振り返りができるはずです。

STEP2「困難&課題」

次に、ＳＴＥＰ1で挙げた項目に関して、具体的にどんな困難や課題があったかを書き

FeelWorks **これまでの自分振り返りシート**

日付		肩書き（社名・所属抜きで）		氏名	

●STEP1／会社員として力を入れて取り組んだこと

●STEP2／困難&課題（※そこにどんな苦労や大変さがあったか）

●STEP3／目標&努力・工夫
（※困難や課題をクリアするために、どんな目標を持って、どう取り組んだか）

● STEP4／結果&成果
（※努力や工夫の結果、どうなったか。どんな成果を残せたか）

● STEP5／発見&成長（※取り組みのなかで気づいたこと、学んだこと）

● STEP6／1〜5までのSTEPから見えてきた自分の持ち味
（強み・長所 ※複数可。短く簡潔に）

● 自分を形作ったセルフルーツ:幼少期の記憶・親からの影響・故郷の環境

記入例

FeelWorks	これまでの自分振り返りシート				
日付		肩書き（社名・所属抜きで）	人を活かす前川	氏名	前川孝雄

● STEP1／会社員として力を入れて取り組んだこと

部下育成/社内大学のプロデュース/
ナレッジマネジメント（ベストプラクティスコンテスト）/
全社管理職向け「上司力」メルマガ

● STEP2／困難&課題（※そこにどんな苦労や大変さがあったか）

周囲（経営層・幹部管理職・現場社員たち）の
説得・巻き込み

● STEP3／目標&努力・工夫
（※困難や課題をクリアするために、どんな目標を持って、どう取り組んだか）

現場メンバーの目が輝く、成長、
働きがいあふれるチームになっていく

●STEP4／結果&成果
（※努力や工夫の結果、どうなったか。どんな成果を残せたか）

メンバーからの感謝の手紙

●STEP5／発見&成長（※取り組みのなかで気づいたこと、学んだこと）

どんな人でも学ぶことで成長できるし、人は自分の可能性に気づくことで元気になっていく。
そこに関われることが自分の働きがい

●STEP6／1～5までのSTEPから見えてきた自分の持ち味
（強み・長所 ※複数可。短く簡潔に）

人材育成・キャリア支援のための動機付けによって部下が成長していくことにワクワクする

●自分を形作ったセルフルーツ:幼少期の記憶・親からの影響・故郷の環境

両親は幼少期、戦後貧しい時代で学べなかった。
だから、子どもたちには「どんなことがあっても教育だけはつけさせるから」が口癖だった。有言実行してくれたことに深く感謝している

出していきます。力を入れて取り組んだ仕事ということは、きっと力を入れるだけの困難や課題があったはず。それを思い出してください。

例えば、「お客様にとって馴染みのない新しいサービスだったので、導入のメリットについて理解してもらうことに苦労した」といったようなことです。

私は、大きなプロジェクトを自分で立ち上げる際に、経営層や幹部管理職、現場社員などの周囲をいかに巻き込んでいくかを課題に感じていたので、それを書き込んでいます。

STEP3「目標&努力・工夫」

次に、STEP2で挙げた困難や課題に対して、どのような目標を立て、どのような努力や工夫を行ったかを書いていきます。

例えば、「お客様にサービス導入のメリットを感じてもらうことを目標に、顧客の経営課題に関して踏み込んだヒアリングを行い、経営改善とセットで提案した」「科学的根拠に基づいたデータ分析に取り組み、その結果を提案に反映させた」といったことです。

ここは重要なポイントです。好きなこと、得意なことだからこそ、努力や工夫もできるもの。これが書けないようなら、自分の好きなこと、得意なこととは違うかもしれません。反対に、すんなりと出てくるようならヒットです。

私の場合は、前述の課題解決のためには、何よりもまず現場のメンバーの目が輝くこと、彼ら彼女らが前向きに成長していける環境が大切だと感じていたので、「働きがいのある職場」を創り出すためのマネジメント改革に取り組んだことを書き込みました。

STEP４「結果&成果」

ＳＴＥＰ４ではＳＴＥＰ３の取り組みの結果や成果を書きます。結果や成果は、自分の気持ちの問題とは別の客観的事実なので、ここはごく簡単な記述で構いませんし、「売上が上がった」「会社に表彰された」といった会社軸の記述でもＯＫです。

ただし、もっと気持ちに響くような結果や成果があれば、そちらを書いてもいいかもしれませんね。

私は、マネジメント改革に取り組んだ結果、後日、部下から自分が成長できたことを感謝する手紙をもらったことがとても心に残っていたので、それを書いています。

STEP5「発見&成長」

ここでは、STEP1〜4で挙げたこと、特にSTEP3の努力や工夫の結果として、自分の中でどのような発見や成長があったかを書いてください。

例えば、「お客様の問題解決に真摯に向き合うことこそが本当のサービスだと改めて感じた」「科学的根拠に基づいた提案の重要性を理解し、そのためのスキルを習得できた」といったことです。

私は、働きがい溢れる職場創りに取り組むなかで、「人は学べば成長できる、自分の可能性に気づけば誰でも元気になっていく」ということを発見し、そこに関わることに自分自身の働きがいを見出すことができたので、それを書き込んでいます。

STEP6「1〜5までのSTEPから見えてきた自分の持ち味」

STEP1〜5までに書き出したことをざっと見ていくと、自分の持ち味や強み、長所が浮かび上がってくるはずです。STEP6には、それを簡潔な言葉で書き込みます。もちろん複数挙げても構いません。

例えば、「他人の問題解決に喜びを感じる」ということが持ち味であるかもしれませんし、「科学的・論理的なアプローチ」が強みということもあるでしょう。

私は、実際に部下を育成するなかで人材育成こそ、自分の好きな、かつ強みを活かせる分野だと感じ、キャリア支援のための動機付けによって部下が成長していくことにワクワク感を覚えることが持ち味だと感じたので、それを書いています。

自分を形作ったセルフルーツ

次は番外編的な位置づけですが、実は重要なセルフルーツについてです。

幼少期や子ども時代、学生時代に自分がどんな環境で生きてきて、何に影響を受け、どんなことを感じていたか、あるいはどんなことが好きで、どんな仕事をしたいと考えていたかについて、いちばん印象に残っている、自分の原点だと感じるポイントを抜き出して書きます。

「子どもの頃のことだから、50歳以降の第二の職業人生に関係ないのでは？」と思う人もいるかもしれませんが、そんなことはありません。**幼少期や子ども時代に抱いた思いというのは、忘れたつもり、蓋をしたつもりでも、私たちのなかに根っことして残っていま**

す。このセルフルーツが、今の自分の持ち味や強みとリンクするようならビンゴです。それこそが、今後のあなたの軸になる可能性が非常に高いと言えます。

私の場合は、戦後貧しいなかで苦労して育ち、自身は満足な教育を受けられなかった両親が、子どもである私たちに「あなたたちにはどんなことがあっても教育だけはつけさせるから」と口癖のように話してくれていたことが、強く記憶に残っています。

「２０１５年社会階層と社会移動全国調査」（ＳＳＭ調査）によると、大卒の父親の子（男性、20代）は大卒が約８割、非大卒の父親の子（男性、20代）は大卒が４割未満だそうです。ＯＥＣＤ調査では、日本のＧＤＰに占める教育機関向け公的支出比率（２０１７年時点）はわずか２・９％で、比較可能な38カ国中ワースト２位。そんな日本において、苦労して我が子の教育費をねん出し、学歴の世代間連鎖を断ち切ってくれた両親には感謝してもしきれません。

振り返ると、これが私のセルフルーツなんですね。学びが人を成長させること、それがいかに大切かということを幼少期に刷り込まれていたことが確実に今につながっているのを感じます。

ミドルの年齢になると、改めて幼少期の思いについて振り返ることはほとんどないという人は多いでしょう。しかし、この機会に記憶をたどって、今まで目を向けてこなかったセルフルーツを思い出してみてはいかがでしょうか。

＊　＊　＊

以上がワーク１です。これで、自分自身をざっと振り返り、自分の持ち味や強みを浮き彫りにすることができました。

見直してみて、どうも素直に自分の思いが書けていない、焦点がぼやけていると感じたら、２、３回書き直してみるといいでしょう。ただし、繰り返しますが、くれぐれも期限を設けて取り組むことが大切です。これは以下のワーク２、３にも共通する注意点です。

さて、次のワーク２では、振り返りの結果に基づいて、具体的な「気になる仕事研究」に踏み込んでいきましょう。

【自己分析ワーク2】気になる仕事を研究する

ワーク1では自分の持ち味や強みなどを明らかにしていきました。

次は、それに基づいて、自分に向いている、持ち味や強みが活かせる仕事にあたりをつけていきます。最初は「なんとなく気になる」程度で構いません。とにかく具体的な仕事を挙げてみます。

ワーク2は、その「あたりをつけた仕事」について研究していきます。こちらも166〜169ページの「気になる仕事研究シート」と私の記入例を参照しながら読んでください。

なお、気になる仕事が二、三思い浮かぶようなら、それぞれの仕事ごとに1枚のシートを作成してください。

では、ワークシートの「STEP」に沿って順番に説明していきます。

仕事名

まずは、シートの左上に、あたりをつけた仕事の「仕事名」を書き込みます。その際はできるだけ、何をやる仕事なのかが自分でも明確にイメージできる名称や表現にすることを意識してください。

例えば、「コンサルタント」とだけ書いても何のコンサルタントだかわかりません。これを「経営コンサルタント」としても、まだ仕事の幅が広すぎる。「地元の観光産業を支援する経営コンサルタント」といった**具体性のある表現にすると、何をやる仕事なのかがややはっきりしてきます。**仮に前例がない仕事であれば、自分で伝わりやすい仕事名を考えてしまってもOKです。

私は、「人材育成・キャリア支援のプロ」と記入しました。このように**「自分がやりたいこと＋プロ」という書き方もあり**です。

選んだ理由

ここには、上記の仕事を選んだ理由を書きます。ポイントは、ワーク1の結果を踏まえた内的理由を書くこと。「稼げそうだから」「社会的ニーズがありそうだから」「この先伸

FeelWorks

気になる仕事研究シート

仕事名		日付		氏名	
選んだ理由					

● STEP1／仕事の概要

● STEP2／主要業務

● STEP3／仕事を取り巻く環境・今後の展望

●STEP4／働きがい

●STEP5／求められる人物像(思考・能力・経験)

●STEP6／なぜ関心を持った？
(「なぜ?」を何回か繰り返して深く掘り下げてみよう)

記入例

FeelWorks	気になる仕事研究シート				
仕事名	人材育成・キャリア支援のプロ	日付		氏名	前川孝雄
選んだ理由	人の成長や活躍に関われることに働きがいを覚えるから。第二の職業人生のテーマに据えたい				

● STEP1／仕事の概要

・人材育成講師、キャリアナビゲーター
※「人材活性化コンサルタント」
はじめて個人名刺を作った際の肩書き

● STEP2／主要業務

・キャリア応援セミナー・研修、
キャリアコンサルティング・コーチング

・イベント・コミュニティ運営

● STEP3／仕事を取り巻く環境・今後の展望

・キャリアコンサルタントが国家資格化
※キャリアコンサルタント10万人計画

・志望する人が多い

・大学のキャリアセンターが充実、実務家教員枠が増加

・食えない（報酬が少ない）

● STEP4／働きがい

**・自分が関わった人が元気になっていく、
希望を見出していく**

● STEP5／求められる人物像（思考・能力・経験）

**・キャリアコンサルティングの知識
＋人材育成の経験値＋社会人としての修羅場経験**

・得意分野の絞り込み（若者・女性・シニア・外国人・・・）

・人に対する関心/人材育成/何よりも強い思い

・ビジネスにしていく力（商売にしていくスキル）

● STEP6／なぜ関心を持った？
（「なぜ？」を何回か繰り返して深く掘り下げてみよう）

**・セルフルーツ（原点）から
学ぶことで人生の可能性が広がる
ことを信念にしている**

びそうだから」といった外的理由は、ここでは関係ありません。

私はワーク1での振り返り、自己分析に基づいて、「人の成長に関われることに働きがいを覚えるから。第二の職業人生のテーマに据えたい」と書きました。

STEP1「仕事の概要」

ここには、何をする仕事なのか、その概要を書き込みます。一般的な概要に加えて、自分だからこそできること、やりたいことを書き込んでもOKです。細かい業務内容はSTEP2に書くので、ここではざっくりした表現で構いません。

独立前の私は、まず人材育成講師を思い浮かべました。特に、若者のキャリア支援を想定していたのですが、当時増え始めていたキャリアカウンセリングという手法の限界を感じていました。まだ社会経験が少ない若者にいくらカウンセリングを続けても、なかなかキャリアの方向性は見つからないからです。インターネットの登場で触れる情報量が爆発的に増えてきていたこともあり、カウンセリングだけでは迷いに拍車をかけることにもなりかねないと懸念していました。そこで、キャリアナビゲーターという造語を作り、第二の職業人生では、若者たちにとっての水先案内人、つまりキャリアを導けるプロとして、人材育成を生業にしたいと考えていたので、それを書きました。

ちなみに、はじめて名刺を作った際の肩書きは「人材活性化コンサルタント」でした。

STEP2「主要業務」

ＳＴＥＰ２では、ＳＴＥＰ１の仕事をする場合、主要業務は何になるかを書きます。

例えば、同じコンサルタントでも、コンサルティング業務の比重が圧倒的に高い人もいれば、セミナー講師、大学教員、執筆などの業務にも幅を広げ、コンサルティング業務の比率が相対的に低い人もいます。

どんな仕事を中心に業務を展開していくのかをはっきりさせると、将来その仕事に就いて働いている自分もイメージしやすくなるはずです。

私の場合、ＳＴＥＰ１に沿って具体的に想定される業務である「セミナー」「研修」「キャリアコンサルティング・コーチング」を記入し、さらに学生や若手社会人を元気にするイベントやコミュニティの開催や運営にも興味があったので、それも項目に加えています。

STEP3「仕事を取り巻く環境・今後の展望」

STEP3では、客観的に見た、その仕事を巡る環境や今後の展望を記述します。やはり、仕事として目指す以上、「マーケットが縮小している」「競合がここ2、3年で急速に増えている」などの客観的な情報はおさえておく必要があるからです。

もちろん、それがイコール「その仕事を選ぶかどうか」の決め手にはなりません。大企業が事業拡大を目指しているわけではなく、あなたが個人として挑むわけですから。むしろ大企業が入ってこないマーケットは狙い目かもしれません。それを踏まえて自分はどうしたいかを考える一つの材料だと考えてください。

私も第二の職業人生でキャリア支援の専門家を目指すことを考え始めた当時、情報収集に努めました。「政府は『キャリアコンサルタント10万人計画』を打ち出しており、キャリアコンサルタントの国家資格化も進められている。なおかつ、社会人を中心に転身を希望する人も多い。大学がキャリアセンターの機能拡充やキャリア教育の充実を図っており、受け皿も増えつつある。ただし、ボランティアのような活動も多く、どこまで稼げるかは不透明」。情報を整理するとこのような状況だったので、それを書いています。

STEP４「働きがい」

「働きがい」は非常に重要な項目です。ただし、自分はまだその仕事に就いていないので、実感値としての働きがいを記述することはできません。

ですから、まずは、**先行してその仕事に就いている人の話を聞き、その人が感じる働きがいをここに記入**します。自分がロールモデルとしている人など、複数の人に話を聞いて、共通する言葉を拾い出すとより精度が高まるでしょう。著書やセミナーなどで先達の仕事への思い、働きがいについて触れることもできます。

私の場合、当時は実際に働いている人のインタビュー記事なども多く、プロとして活躍している人に直接話を聞く機会もありました。そういった情報収集のなかで、「自分が関わった人が元気になり、今後のキャリアに希望を見出すことにやりがい、働きがいを感じる」というところが共通していると感じたので、それを記入しています。

STEP5「求められる人物像」

STEP5では、その仕事にどのような思考・能力・経験が求められるかを書き出すことで、その仕事に求められる人物像を明らかにしていきます。

単に必要とされる資格やスキルについて通り一遍のことを書くのではなく、必要最低限の条件をクリアしたうえで、さらにその仕事で競合と差別化し生き残っていくためには何が必要なのか、ということを念頭に置いて考えていきましょう。

ここは先達の話ももちろん参考にはなりますが、人それぞれやり方や重点を置いているポイントが違うところもあります。ですから、「自分がこの仕事に就くとしたら」という観点から、さまざまな情報を基にしつつ、自分なりに分析することが重要です。

この項目はワーク3の学び整理にも関連するので、しっかりと書いてください。


私の場合は、キャリア支援の専門家として生きていくためには、キャリアや人材育成の専門知識はもちろんのこと、現場での人材育成の経験値、さらには社会人としての修羅場経験が必要だろうと考えました。

さらに、対象となる世代や属性が広くなりすぎると専門性が弱くなり、アピールポイントもぼやけてしまうため、若者、女性、シニア、外国人など対象を絞り込む必要がある。仕事として当時はまだ確立されていなかった分野だけに、どのようにビジネスにしていくかを考え、それを実行する力も求められる。加えて、人に対する関心、人材育成に対する何よりも強い思いが欠かせないはずだと考え、これらのことを書いています。

STEP6「なぜ関心を持った？」

最後に、もう一度、自分がその仕事に関心を持った理由について自分に問い直します。

なぜ、同じことをここでまた問うのかというと、ＳＴＥＰ５までにその仕事について深く考え、**シートを書き進める過程で、自分で気づいていなかった理由が浮かび上がってくることもある**からです。

また、本当にその仕事をやりたいのかを改めて自分に確認する意味もあります。関心を持ったきっかけである具体的なエピソードがあれば、それを記入するのもいいでしょう。

私は、キャリアについて研究するなかで、「学ぶことで人生の可能性が広がる」ことを両親によって刷り込まれた記憶が、人材育成を仕事にしたいと考えた原点になっていたことに改めて気づいたので、それを書いています。

＊　＊　＊

以上がワーク2です。

このシートを作成しながらその仕事について考えることで、漠然と考えていた頃より、グッとその仕事に対する理解が進み、自分の適性も実感を持って測ることができるようになっているはずです。

さて、次のワーク3はいよいよ「学び」がテーマとなります。

【自己分析ワーク3】学び方針を立てる

ワーク３では、ワーク２の仕事研究の結果を受けて、その仕事に働きがいを持って取り組み、成果をあげるために必要な「学び」について方向性を整理していきます。

こちらも、１７８〜１７９ページの「学び方針整理シート」と私の記入例を参照しながら読んでください。

ＳＴＥＰ１「その仕事で実現したいビジョンは？」

ＳＴＥＰ１はワーク２の続きのような位置づけですね。ここには、**目指す仕事に就いてから3年後くらいに自分がどうなっていたいか**を書いてください。今、50歳の人が55歳で早期退職するとしたら、58歳くらいの自分をイメージするということです。

あえて、近い未来をイメージする理由は、ＳＴＥＰ２のミッションと役割を分けるためです。「３年でここまでは実現する」という目標を設定することによって、そのためにか

FeelWorks

学び方針整理シート

仕事名		日付		氏名	

●STEP1／その仕事で実現したいビジョンは?(キャリアビジョン)

●STEP2／その仕事を通じた使命は?(ミッション)

●STEP3／現在の自分とのギャップは何か?

●STEP4／自分の強みを磨くために学ぶべきことは?

●STEP5／自分の弱みをカバーするために学ぶべきことは?

記入例

FeelWorks　**学び方針整理シート**

仕事名	人材育成・キャリア支援のプロ	日付		氏名	前川孝雄

●STEP1／その仕事で実現したいビジョンは？（キャリアビジョン）

まずは固定のお客様（企業・人）を見つけて、自分が人材育成・キャリア支援に関わることで喜んでもらえている
※3年後

●STEP2／その仕事を通じた使命は？（ミッション）

「人を大切に育て活かす組織・社会づくりに貢献」することに自分の人生を使う

●STEP3／現在の自分とのギャップは？

・そもそも客観的な実績がない
・すごいプロが数多いるなかで自分の立ち位置不明
・プレゼン力・説得力なし

●STEP4／自分の強みを磨くために学ぶべきことは？

・前職で取材などで聴き続けてきた働く人たちの生の声・肌感覚に通じている。→ 取材活動、若者・女性・ベテランから学ぶ（セミナー・カウンセリング・コンサルティングしながら、実態を知る）
経営からのアプローチではなく、働く人側からのアプローチ
・セルフブランド強化　あえてキャリアコンサルタント資格にこだわらず、一般の人たちの興味関心のあることを広く学ぶ

●STEP5／自分の弱みをカバーするために学ぶべきことは？

・人材育成・キャリア・リーダーシップの理論は学習
→ 原典の本読書マラソン（年200冊×10年＝2,000冊、10人でやれば2万冊）
・営業経験ゼロ → 営業セミナー・エージェント依頼・プロ・代理店委託
・ビジネスにしていくことが苦手 → 弟子入り

けられる時間が明らかになり、今取り組むべきことも逆算で導き出されます。そのためにも、近い未来のビジョンを言語化しておくことは大切なのです。

私の場合は、3年の間に、個人・法人を問わず固定のお客様を獲得し、キャリア支援や人材育成に関わるサービスを提供して喜んでもらえている状況をイメージしていたので、それを書いています。

STEP2「その仕事を通じた使命は?」

こちらには、STEP1よりも高いレイヤーの、自分にとっての使命(ミッション)を書きます。言葉を換えれば、**「残りの人生、自分の命を社会のため、人々のためにどう使いたいか?」**という問いでもあります。

例えば、「すべての子どもが平等に教育を受けられる社会を実現したい」「人々が年齢を重ねても幸せにイキイキと暮らせることに貢献したい」といったことが、これに当たるでしょう。

私は、日本の組織の「人を育てる力」が弱くなっていることを課題と考え、「人を大切に育て、活かす組織・社会づくりに貢献することに残りの人生を使いたい」という思いを抱いていたので、それをミッションとして書きました。

STEP3「現在の自分とのギャップは？」

具体的に学び方針を考えるにあたって、ここが最も重要な項目になります。

やりたい仕事は見えてきた、ワーク2でその仕事に求められる人物像も明らかになった。では、自分はその人物像に足る能力や経験を備えているのだろうか？　求められる人物像と今の自分にはどれだけのギャップがあるのだろうか？

これを洗い出してリストアップしていきます。

ここで挙がった項目が、あなたに必要な学びの方向性を指し示してくれます。

まだ準備段階ですから、**箇条書きにしていくと、ギャップはいくつも見つかるはずですが、それで構いません。あなたはギャップがない仕事（＝「できる」仕事）より、ギャップを克服してでも取り組みたい仕事（＝「働きがいのある」仕事）を目指しているのですから。**

私の場合は、そもそも人材育成やキャリア支援のプロとして客観的な実績がないこと、さらには、人材育成論やキャリアコンサルタントには著名な講師や大学教授などプロフェッショナルが数多くいたので、そのなかで自分はどのような立ち位置を取れるのかということに課題を感じていました。無名で後発者である自分が、これから目指す立ち位置を必死に考えました。

また、この分野の第一人者のセミナーなどに参加して、そのプレゼンの迫力も自分とはレベルが違うことを痛感していました。これらが、当時私が感じていたギャップだったので、それを書いています。

STEP4「自分の強みを磨くために学ぶべきことは?」

さて、STEP3で目標とする仕事に就くための、現状の課題が明らかになりました。

次にこのギャップをいかに埋めていくか、そのために必要な学びをリストアップしていきます。STEP4ではそのなかでも自分の強みを伸ばす方向性の学びについて考えます。

これまでの自己分析を通して、自分の強みや得意なことを改めて把握し、かつそれに合致する仕事を選んでいるはずなので、これまでに記入したシートを振り返りながら考えていけば、どのような強みをどう伸ばせば、ギャップの解消につながるかが見えてくるはずです。ここに書き込むことが、あなたの学びの軸になっていきます。

私の場合は、学びの情報誌や就職転職情報誌・WEBサイトの編集者、編集長を務めてきたなかで、働く人たちの生の声や肌感覚に通じていることが強みの一つでした。ですから、この強みを活かして、若者や女性、ベテランなど幅広い層の人たちに取材をし、実際に話を聞くことで学びを深めようと考えました。セミナーやカウンセリング、コーチング、コンサルティングなどの現場で、人とコミュニケーションをとりながら実態を知ることも重要な学びだと考えました。

また、そうなると、自分にふさわしいのは、経営側からのアプローチではなく、現場で働く人側からのアプローチであることも明らかだったので、キャリア論に関する学びの比重は後者に置くのがいいだろうと考えました。

もう一つ、先行するプロが数多くいるなかで自分の立ち位置を明確にするために、あえて取得者の多いキャリアコンサルタントの資格取得にはこだわらず、一般の人たちの興味関心のあることを幅広く学ぶことで、セルフブランディングしていこうと考えました。

そして、実際にこれらが私にとっての学び方針になったのです。

STEP5「自分の弱みをカバーするために学ぶべきこととは？」

本書では基本的に、強みを伸ばす学びを重視しています。自分にない、弱みとしていることを今から学ぼうとしてもきりがありません。ですから、切り捨てるべきところは切り捨てて、強みを伸ばすことに、時間や労力を集中投下したほうがいいと考えています。

ただし、弱みとしていることのなかには、プロとしてやっていくなら最低限身につけておかなければいけないこともあります。例えば、独立して経営者としてやっていくなら、いくら苦手であっても、経理・財務の基本は学ぶ必要があります。また、どんな仕事であっても、パソコンやＩＴに関しては人並みの知識・スキルがなければビジネスの幅を狭めてしまうことになります。ですから、ＳＴＥＰ５では、その仕事に必要とされることで、自分が弱みとしていることをどうカバーしていくか、そのための学びをリストアップしていきます。

私の場合は、人材育成、キャリア、リーダーシップ、マネジメントに関する理論が不足していることが弱みでした。もちろんその時点から理論を必死に勉強したところで、アカデミックなフィールドで長年これらの理論を研究している専門家には敵《かな》いません。

しかし、今や企業経営者や人事担当者も最新理論を学習している時代。人材育成やキャリア支援のプロを名乗る以上、最低限お客様以上には専門知識を有していることが必要です。そのため、代表的な理論に関しては一通り専門書を原典で読むことに取り組みました。

また、独立してやっていくためには営業経験が不足していることも弱みとしているところでした。それに関しては、営業セミナーで基本を学びつつ、あとは外部エージェントや代理店の力を借りることで、自分にないところを埋めようと考えました。

ＳＴＥＰ５はＳＴＥＰ４と比べるとサブ的な学びではありますが、プロとして働くためには重要な要素でもあります。専門家の手を借りられるところは借りる、自ら学んで補うところは補う、と整理していくと、弱みに関する学びの方向性もはっきりしてきます。

＊　　＊　　＊

これで自己分析は終わりです。自分が目指す仕事も、学ぶべきことも明らかになりました。あとは行動あるのみです。早速動き始めましょう！

「学び戦略」で第二の職業人生を切り拓いたミドルたち③

製薬会社ＭＲ・幹部を目指すキャリアから未経験の人材育成講師・コンサルタントに転身！

田岡英明さん
株式会社ＦｅｅｌＷｏｒｋｓ　エグゼクティブコンサルタント
株式会社働きがい創造研究所　取締役社長

【プロフィール】新卒で山之内製薬株式会社（現・アステラス製薬株式会社）に入社。ＭＲとして優秀な成績を収めつつ、若手を育てる勉強会「ひよこ倶楽部」を社内で独自に開催。若手の目が輝く、明るい職場を作るために尽力する。２０１４年、ＦｅｅｌＷｏｒｋｓに入社。管理職向けのマネジメント研修や、若手・中堅向けのマインドアップ研修など、企業を対象とした研修の講師として活躍。また、迷える若手からシニア層まで、個人を対象としたキャリアコンサルタントとしても活動中。２０１７年、医療機関や中小企業の支援を主とする株式会社働きがい創造研究所の取締役社長に就任。取得資格は、厚生労働省認定キャリアコンサルタント、全米ＮＬＰ協会公認ＮＬＰトレーナー。共著に『一生働きたい職場のつくり方』（実業之日本社）、『ダイバーシティの教科書』（総合法令出版）がある。

●研修の受講がきっかけで「やりたい仕事」が見つかる

製薬会社のＭＲとして精力的に働いてきた田岡英明さんが、学びの必要性に目覚めたのは40歳のときだった。当時課長だった田岡さんは、複数の大手企業からメンバーが集まる次世代幹部を養成する研修に参加。社外の同世代の管理職と机を並べて学ぶことになった。

「人間力の育成をテーマとした研修だったのですが、ほかのメンバーのレベルの高さに衝撃を受けました。日本の名だたる企業の幹部候補が中心でしたが、単に肩書きがすごいだけじゃない。ディスカッションをしていても発言の中身が違いますし、ＭＢＡ的な用語も当たり前のように使いこなす。人材育成やキャリアに関しても理論を学んでいる。ついていくのに精一杯で、自分は井の中の蛙《かわず》だった、全然学びが足りていなかったと痛感しました」

会社という枠のなかで生きているだけなら、MRとして結果を出し続けていれば何の問題もなかった。しかし社外へ足を踏み出し、同世代の幹部候補生たちが自分よりはるかに学び続け、先を行っていることを知り、意識がガラリと変わったという。

同時にこの研修への参加は、将来のキャリアへの新たな思いを抱くきっかけにもなった。それまでは敷かれたレールに沿って、業績を上げ出世することが、サラリーマンとしての自分の目標だと考えていた。しかし、新たにやりたいことが生まれたのだ。

「その研修には、各社の人事部門からも育成の担当者がコーディネーターとして参加していました。合宿形式の研修なので、そういった方々とも話をする機会があり、〝人を育てる〟ことへの思いを聞くうちに、自分もこういう仕事に携わりたいと思うようになったんです」

研修プログラムでは、発達臨床心理学の第一人者である広島大学・岡本祐子教授やキャリア論の大家である神戸大学・金井壽宏教授の講義も受け、その著書も読み込んだ。これが人材育成やキャリアに関して学びを深めるきっかけとなった。

●資格取得や社内勉強会の立ち上げなど、新たな目標に向けた学びに邁進！

もともと課題意識はあった。課長として部下をマネジメントするなかで、若手に元気がないことが気になっていたのだ。「月曜日が楽しみでしょうがない」というくらい仕事好きだった田岡さんには、浮かない顔をして働く若手の気持ちがよくわからない。それでも若手の気持ちを理解したい、彼ら彼女らがもっとイキイキと働けるように導いていけたらという思いはずっとあった。くだんの研修によって、その課題に向き合うためのヒントを得た田岡さんは、いてもたってもいられず、行動を起こす。

まずは、人材育成について学べる講座を自分で探し、日本マンパワーの「キャリア・デベロップメント・アドバイザー（JCDA）養成講座」に通い始めた。

また、JCDAでの学びを活かして、部門内に「ひよこ倶楽部」という月1回の勉強会を立ち上げた。その内容は、入社1～3年の若手と、若手を預かるリーダー層をメンバーとし、半分は営業のケーススタディを行い、半分は仕事の意味や働く楽しさなどの職業人としての本質的なテーマに関して全員で考えるワークショップを行うというもの。

会社の人事発令があったわけではなく、あくまで自主的に始めた活動。田岡さんにとってもこの試みは一つのチャレンジだったが、回を重ねるごとに若手の表情に徐々に変化が現れ始め、一定の手応えを得ることができた。

ＪＣＤＡでの学びは、自分自身のキャリアについて深く考えることにもつながっていった。「自分が本当にやりたいことはなんだろうか？」と考え抜いた田岡さんは、社内公募制度を利用して教育部門への異動を希望する。社内で教育や人材育成に関わる仕事に取り組みたいと考えたのだ。しかし、２回手を挙げたが認められず、悶々とする日々が続く。

その間も、田岡さんの学びのエンジンは止まらない。ＪＣＤＡ資格取得後は、民間のビジネススクールである一新塾に通い、「メンタル疾患のない世の中を作る」をテーマとしたプロジェクトに取り組んだ。同時に実践的な心理学資格であるＮＬＰの認定コースも受講。基礎資格であるプラクティショナーを取得し、さらに段階的に上位資格を取得していった。

●前川孝雄との出会いで未経験の講師・コンサルタント業への転職を決意

そして、あるとき本書の筆者である前川孝雄の存在を知る。

「前川さんが社内報に寄稿していたリーダーシップに関する連載記事を偶然目にして、当時はやりたい仕事ができなくて悩んでいましたから、前川さんの言葉に光明を見出した思いでした。著書も何冊か読んで強くシンパシーを覚えたので、思い切って手紙を書いたんです。すると何と返事が来た。これはもう会いに行くしかないと。ほどなく実際に会ってもらえてお話もできたのですが、そのときには、自分のやりたいことについて思いの丈をぶつけ、前川さんの仕事にかける思いも聞くことができました。『この人は本気だ。自分もこの人のように本気で人材育成の仕事に取り組みたい』と決意を固くしたことを覚えています」

その場では前川に「そんなに甘いものじゃない」と諭されもしたが、すでに気持ちは大きく動き始めていた。会いに行ったのは10月だったが、12月には退職の意思を固め、その翌年の2014年には製薬会社を退職し、Feel Worksの一員となった。

「前川さんには『奥さんは応援してくれているの?』ということは言われていて。転職するにしてもそれからだということで、妻を説得して『OKが出ました!』『よし、じゃあ一緒にやろうか』という流れでしたね。理解のある妻でよかったなと思います」

Feel Works入社は、いわば弟子入りのようなものだった。JCDAやNLPの資格はあっても、講師としての実務経験はゼロ。前川の下で一からスキルを身につけていった。

「講師デビューのときは本当に緊張してしまって。早口になるし、途中で話そうと思っていたエピソードが飛んでしまうし、本来60分を予定していたパートが15分で終わってしまって焦りました(苦笑)。その後はなんとか挽回できて、受講生から『よかったです。ありがとうございました』と言ってもらえたときは嬉しかったですね」

前川孝雄はロールモデルであり、メンター。講師としての自分の成長度は常に前川のパフォーマンスと比較して確認し、逐次相談にも乗ってもらった。

●やりたいことをさらに明確にし、自分の持ち味を活かせる会社を設立

「前川さんを間近に見ていると、成長したつもりでいても、自分はまだまだだと感じます。こういう存在が身近にいるということは本当に大きいですね。同時に、ただ前川さんのやり方を踏襲するのではなく、人材育成分野の他の素晴らしい講師からも良いところを学び、自分なりの講師のスタイルを追求していくことも意識しました」

また、ＦｅｅｌＷｏｒｋｓでは、営業も講師自身が行う。ＭＲとして営業経験はあったが、ルートセールスのＭＲに対して、こちらは問い合わせのあった顧客を訪ね、課題を聞き出し、それを解決するサービスを提供する提案型営業。顧客である人事担

当者の話を理解するには、人事・組織に関する専門知識も必要。学ばなければならないことはたくさんあった。

しかし、新たなことを、楽しみながら学べるのが田岡さんの強みだ。現場で実務経験を積みながら、多方面の学びにも精力的に取り組み、講師としても営業としても急速に力をつけていった。3年ほど実践経験を積む中で、めきめきと頭角を現して、Ｆｅｅｌ Ｗｏｒｋｓの中核をなす講師・コンサルタントの一人となっていく。

そして、前川をベンチマークしつつも、自身の持ち味を活かし、やりたいことをさらに明確化してチャレンジするべく、２０１７年にはＦｅｅｌ Ｗｏｒｋｓが初のグループ会社として設立した株式会社働きがい創造研究所に自らも出資し、取締役社長に就任。事業の目的を社名どおり「働きがいの創造」に据え、自身の経験が活きる医療機関や中小企業の支援に日々勤しみ続けている。

現在も社外で勉強会を運営するなど、学びと成長への意欲は止まらない。社会人学生として心理学を体系的に学ぶために大学にも入学。最近は趣味でボクシングも始めたとか。なんとも驚くべきバイタリティだ。

第4章

やりたい仕事に近づく「学び方8つのステップ」

この章では、第二の職業人生における天職に出会い、やりたい仕事に就くための学びについて、8つのステップに分けて解説します。具体的に学び戦略を立てる際の参考にしてください。

なお、ステップ①②③あたりまでは、第3章で取り上げた自己分析と同時進行で進めるのがよいでしょう。

【ステップ①】少しでも気になる仕事の目星を付ける

まず、必ず取り組んでほしいのが、気になる仕事の目星を付けることです。これが決まると、学ぶジャンルも大まかに定まってきます。

とはいえ、ここではあまり難しく考える必要はありません。本当の適性は学ぶ過程で判断するので、この段階では「なんとなくおもしろそうだ」「少し気になる」という程度のものでOKです。肩に力を入れ過ぎず、夢を膨らませるイメージでリラックスして考えてみましょう。

第3章の自己分析ワーク2の「気になる仕事研究シート」で目指す仕事名を記入しましたが、そこに記入する仕事を見つけるということですね。

では、どんな角度から検討していけばいいか、ポイントを解説していきましょう。

(1)自分の経験値・専門性の延長で考える

「CAN（できる）」を「WILL（やりたい）」に変えるという意味では、これが最も目指す仕事を決めやすい方法と言えるでしょう。

例えば、長年経理を担当してきた人が、その経験値やスキルを活かして税理士資格を取って独立を目指す、提案型営業の経験が豊富な人が営業コンサルタントを目指すといったパターンですね。いずれも経験値、すでにある専門性に体系的な学びを積み上げることで実現の道が見えてきます。

今の会社での仕事にやりがいやおもしろさを感じている人なら、比較的思い浮かべやすいはずですし、すでに目星が付いているという人も多いでしょう。

ただし、今の仕事にあまりやりがいを感じられず、この機会に職種転換を考えている人は、次項以降に挙げる方法も組み合わせながら工夫して考える必要があります。

その際は、**今までの経験値や専門性をゼロリセットするのではなく、部分的にでも活かせる仕事を探すという観点が大切**です。20年以上にわたるキャリアはミドルにとって大きなアドバンテージ。これを無駄にすることはありません。

営業経験が豊富な人なら、長年磨いてきた対人スキルを活かせる別の仕事を探すのもいいでしょうし、研究職なら、理系的な発想や思考が求められている別の分野に目を向けるのもいいでしょう。これまでのキャリアを活かせる道がきっとあるはずです。

(2) あきらめていた夢を思い起こしてみる

今の会社での仕事とは違う仕事に就きたいと考えている人におすすめしたいのが、子ども時代や若い頃にあきらめてしまった夢をもう一度思い返してみることです。

振り返れば誰でも、「この仕事をやりたい」という夢を抱いていた時期があるはずです。

年齢を重ねた今となっては「若気の至り」「取るに足らないこと」と考える人も多いかもしれませんが、子ども時代、学生時代の夢というのは、あなたが思っている以上に根源的なものであることが実は少なくありません。

第３章で説明したように、「自分が本当にやりたいこと」を深く考えるときには、セルフルーツをたどる取り組みは非常に有効です。

例えば、小学生時代の「プロ野球選手になりたかった」という夢でも、十分、次の仕事を考えるヒントになります。今からプロの選手になるのは難しいかもしれませんが、選手をサポートするトレーナーなら努力すればなれるかもしれません。あるいは、スポーツ経済学を大学院で専門的に学び、球団の経営・運営を支援するコンサルタントになるという道もあるかもしれません。

「学校の先生になりたかった」というＩＴエンジニアなら、ＥｄＴｅｃｈが拡大する今、教育分野のデジタル教材開発で自分の専門性を活かす道もあるでしょう。

このように「この年齢では現実的に無理だ」という仕事であっても、周辺にまで目を配ればチャンスを見つけることは十分可能なのです。

子ども時代、学生時代を思い返してみて、「そういえばあの仕事がやってみたかったん

だよな」と少しでも気持ちが熱くなるのを感じたなら、その思いはぜひ大切にしてください。

(3)趣味をビジネスにする方法を考える

仕事とは別にプライベートで楽しんでいる趣味も仕事探しのヒントになります。

第二の職業人生は、お金よりも働きがい重視。そう考えると、例えば、長く趣味で陶芸を続けていて腕前に自信があるなら、陶芸家になるという選択肢もありということです。釣りが大好きで腕に自信があるなら、釣りのインストラクターや釣り具メーカーの商品開発や広報に協力するフィールドテスターを目指すのもいいでしょう。まさに好きなことをそのまま仕事にするというわけです。

また、今はＳＮＳやＹｏｕＴｕｂｅなど手軽な情報発信の手段も増えていますから、本当に好きな人だからこそ提供できる情報を発信してビジネスにしていくという方法もあります。趣味で追究してきたことと自分が経験してきたビジネスとを組み合わせた新しいサービスを始める、という考え方もあるでしょう。

マニアを対象としたビジネスは、マーケットは小さくても、一人ひとりが太い顧客になりやすく、アイデア次第で意外と食べていけることもあります。何か長年ハマっている趣味がある人はぜひこの方向からも考えてみましょう。

⑷日常生活・友人知人との交流で気になったことを掘り起こす

普段の生活のなかにも、ビジネスや社会的活動につながるいろいろな気づきがあるものです。

例えば、仕事と子育てに奔走する妻の姿を見て、「何か働くママをサポートする新しいサービスはないものか」と考えたり、地元のシャッター商店街を見て、「この店舗を何か有効利用できないか」と考えたりといったことです。日常で感じた不便を解消するために新しいサービスや商品を考えるといったこともありでしょう。

また、**友人や知人との交流を通してヒントが得られることもあります。みんなが何に困っているかということを探っていくと、そこにビジネスの種があったりするもの**です。

大切なのは、今まで何気なくやりすごしていたことを、立ち止まって深く掘り下げて考えること。そこに自分の経験値や専門性をどう絡められるか、知恵を絞ってみましょう。

⑸気になっている社会問題について掘り下げて考える

新聞やニュースで目にする社会問題に対して、その解決になんとか貢献できないだろうかという方向で、第二の職業人生での自分の役割を考えることもできます。

国連が掲げるSDGsが大きく注目されているように、今の社会は、環境、貧困、人権、食糧、教育など多岐にわたる分野で問題が溢れています。これらの問題のうち、特に自分に関心があるものについて、自分の積み重ねてきた経験値や専門性を活かして貢献する方法を考えてみるのです。

自然災害が頻発する現代。現地でのボランティア活動に挑戦された人もいらっしゃるでしょう。ボランティアにも無償のものも有償のものもあります。

困っている人を助けたい、目の前の問題を解決することにワクワク感を覚えるという人なら、そこからのアプローチもありだと思います。

コンサルタントのようなかたちでの貢献の仕方もあるでしょうし、問題解決に直結するビジネスを立ち上げる道もあるでしょう。収入にこだわらなければＮＰＯ設立などの道もあります。働きがいの観点から魅力を感じる仕事が見つかれば、それがあなたの目指すべき仕事なのかもしれません。

⑹ロールモデルとなる人物を参考にする

人から入る方法もあります。

身近な人でも、メディアで紹介されるような有名人でも、あるいは歴史上の人物でも構いません。その生き様や行動、発言に共感し、強い影響を受けた人物がいるなら、その人が取り組んでいる仕事について詳しく調べてみるのです。

例えば、テレビで見た織物職人の「仕事にかける思い」に心を動かされたら、織物職人という仕事について調べてみるということですね。

あるいは、ソーシャルビジネスを手掛ける経営者の熱い言葉を聞いて、「自分もこの人のように生きてみたい」と感じることもあるでしょう。その場合も、感動して終わりではなく、その人が取り組んでいるテーマやビジネスについて掘り下げて調べてみるのです。

それをすぐ仕事にするということにこだわらなくて大丈夫。掘り下げていく中で、やりたい仕事を探すためのヒントや入り口にはなるでしょう。この場合も自分の経験値や専門性を活かす道はないかという方向で考えると、現実味は増すはずです。

さて、このステップをクリアすれば、学ぶべきジャンルがおおまかに見えてきます。次はいよいよ具体的な学びのステップに入ります。

【ステップ②】仕事の実態がわかる本を10冊読む

トライアルの学びに最適なのが書籍です。何しろ、新書であれば1000円以下、ハードカバーでも1500〜3000円くらいで購入でき、そこには著者が長年にわたって蓄積してきた知識や知恵が詰め込まれているわけですから、利用しない手はありません。

読むべき本の探し方にはいくつか方法があります。

例えば、コンサルタントの仕事に興味があるなら、まずはコンサルティングに関する入門的な本を読んでみると、仕事のアウトラインやポイントをざっとつかむことができます。多くのジャンルでその道のプロが書いた入門書が多数あるので、探してみましょう。

入門書の手っ取り早い探し方としては、Amazonなどで「職種名（またはジャンル名）入門」「職種名（またはジャンル名）実務」と入力してキーワード検索するのがおすすめです。数が多くてどれを読めばいいかわからない場合は、ランキングやレビュー数や支持されているコメントなどを参考にして、より定番と思われる本を探しましょう。

なお、1冊読んで終わりではないので、それほど慎重に選ぶ必要はありません。同じコンサルティング入門書であっても、著者によって立場や重視するポイントが違います。仕事領域を網羅し、相場観を養うためにも、タイトルから主張が異なるものを複数読むのがベターです。

共感を覚える著者の本ばかり読んでいると、どうしても視点が偏ってしまいがちです。あえて反感を覚える内容の本も読み、同じ仕事、業界でも多様な考え方や主張があることを理解するのは重要なこと。その意味でも同テーマの本を複数読む意味は大きいのです。

●そのジャンルで名著・バイブルとされている本は必ず読む

また、そのジャンルで名著、バイブル、古典とされている本もぜひ押さえておきたいところ。例えば、経営学でいうとピーター・F・ドラッカーの『マネジメント』などですね。こういったジャンルを代表するような本は、その仕事についてネットなどで調べているなかで、あるいは入門書を読んでいるなかで書名を目にする機会がきっと何度もあるはずなので、チェックしておきましょう。

その場合、原典の翻訳書から入るか、まずは要約書から入るかは、どちらもありだと思います。ただし、要約書が興味深い内容だった場合、原典の著者の考えを正しくつかむためにも、ぜひ原典に遡《さかのぼ》って読んでみてください。また、原典の翻訳書は文章が読みにくい場合もあるので、原典を読んでから要約書でおさらいをするというのも有効です。

こうした本では、**著者が学び参考にした文献が引用されている場合も多いものです。そうしたものを手掛かりとして、芋づる式に読んでいくことも有効**です。

そのほか、すでに気になっているその分野の先行プレイヤーがいるなら、まずその人が書いた本をチェックしましょう。また、業界団体などのホームページを調べて、推薦書が掲載されていれば、その本も要チェックです。

業界の最新動向や相場観を知るには、Amazonの該当するジャンルのランキング上位の本を上から順にピックアップする、というのもいいのではないでしょうか。

このようにしてチョイスした本をトータル10冊読むことを、まずは自分に課してみましょう。それだけでも、かなりその仕事や業界に関する理解が進むはずです。

●本は「読む」で終わらず「使い倒す」

そして、ポイントとなるのが読み方です。正確には使い方と言ったほうがいいかもしれません。図書館を活用して本を読んでいる人も多いでしょうが、余暇を楽しむ小説などであればよいですが、第二の職業人生の天職に出会うための本は購入することを強くおすすめします。なぜなら、**本は読むだけではなくどんどん書き込み、自分仕様の教科書にするべき**だからです。電子書籍でも同じです。

以前、ベストセラー『東大合格生のノートはかならず美しい』（文藝春秋）の著者である太田あやさんにインタビューしたことがあるのですが、ある東大生のノートを見て、こう感じたそうです。

「すべての知識がちゃんと有機的につながっていて、ページのなかで物語がきちんと完結している」

またある東大生にインタビューすると、「ノートは、近い将来見直す自分のために書いているんです。だからこそ、未来の自分に気を使って書かなければ、ノートって意味がない」と答えたそうです。私が本を使い倒すことを提案しているのも同じ理屈です。

何冊か読んだところで、読んだそばから中身を忘れてしまっては意味がありません。本はどれだけ高名な研究者が書いたものであっても、正解が書いてあるわけではなく、あくまでその著者の主張が述べられているものです。

そのため著者と対話しているつもりで、疑問点が浮かんだらそのつど本に書き込む、その疑問に答えるポイントとなる記述には線を引く、重要なページには折り目を付けるなどして、本を徹底して使い倒しましょう。単に読み流すより学びの質がグンと上がるはずです。

また、読み終わったら、要約と重要なポイント、さらに感想をEvernoteのようなメモアプリやブログなどに記録していくようにしましょう。**インプット（＝本を読む）には必ずアウトプット（＝要点整理、感想を書く）を組み合わせる**ことが学びの鉄則です。

この章のステップ⑦で詳しく説明しますが、勉強会などで読んだ本についてプレゼンするのも、同じような意味で非常に効果があります。このような発表の場を定期的に設けておけば、読書を習慣化することにも役立ちます。

●感銘を受けた本があれば、著者にSNSなどで本の感想を送ってみる

なお、最初のうちは、まだその仕事や業界に対する知見もない状態なので、じっくり読

むことも大切ですが、**何冊か読んでいると、その分野の常識や共通するポイントはある程度わかってくるはずです。相場感がつかめたということ。その段階に達したら、以降は本の中身をすべて読む必要はありません。**

タイトル、前書きでメインメッセージを確認したうえで、目次に目を通し、独自の見解が述べられている箇所、その本が最も強調したい箇所などに見当をつけ、メリハリをつけて読むという方法もありです。優れた著者による名著であれば隅から隅まで読むことにも大きな意味はありますが、すべての本でそれをする必要はないということです。

あなたが置かれている状況や知識レベルによっても、同じ本でも学べるポイントは変わってくるので、良書と思えたならば、時を置いてまた読み返すこともおすすめです。

また、感銘を受けた本があれば、著者にSNSなどで本の感想を送るのもいいでしょう。30冊以上本を書いてきた私自身もそうですが、著者は読者から感想などの声が届くのは嬉しいもの。意外と返事がくることもあるものです。**ダメもとでアプローチすれば、本をきっかけに著者とのつながりが生まれることもあります。**

とにかく、本であれば、今すぐにでも購入して読み始めることができます。かつ、たとえ外れだったとしても、ロスする時間もお金もわずかなもの。早速読むべき本のリストアップに取りかかりましょう。

【ステップ③】講演会やセミナーに参加する

その道の先行プレイヤーによる講演会やセミナーでは、本以上にリアリティのある話を聞くことができます。ですから、ステップ②で気になる著者が見つかったら、講演会やセミナーの開催予定がないか、ネットでチェックしてみましょう。

ただし、ビジネス系の講演会やセミナーは参加費が高額なことも少なくありません。それで敬遠している人もいるかもしれませんが、そんな人におすすめなのが、業界団体が開催する展示会などのイベントです。業界の有名人による講演会やセミナーを無料または安価で受講できることも多いので、ぜひ情報を調べてみましょう。

そのほか、自治体や公的機関、商工会議所などの経済団体が開催する独立開業セミナーなども、独立した先輩たちの話を無料または安価で聞くことができるチャンス。あとは、大学が開催する市民講座や公開講座、あるいは社会人大学院の説明会で開催されるセミナーなども無料または安価で受講できるものがあるので、自分に合うテーマの講座が開催されていないかは要チェックです。

小規模なセミナーであれば、終了後に意見交換や交流の場が設けられることもあります。その機会に講師と名刺交換や自己紹介をしておけば、つながりに発展する可能性も。交流が深まれば、その人がいずれは自分にとっての師匠になる可能性もあります。

また、最近はＹｏｕＴｕｂｅで仕事のリアルや業界の最新事情などを発信している人も多いので、この種のコンテンツもチェックしておきましょう。

動画コンテンツだと直接のつながりを得るのは難しそうに感じますが、そこは本の場合と同様。著者のＳＮＳやＷｅｂサイトからアプローチすれば、接点を作るチャンスはあります。もちろんリアルの講演会やセミナーでもこの方法は有効です。

貴重な話を聞けたことに対するお礼と丁寧な感想、さらに内容に関するポイントを押さえた深い質問などを添えて連絡を取ることを習慣づけると、先行プレイヤーたちとのつながりを得られる可能性は少しずつであっても広がっていくはずです。

【ステップ④】社会人大学院やスクールに通い、参加型の学びでスキルアップ

ステップ③は単発の講演会、セミナーに参加する、というものですが、ステップ④は大学院やスクールに一定期間、継続的に通って本格的に学ぶというものです。平日夜間と土日を利用して通える社会人大学院やスクールも数多くあるので、働きながら学ぶことは十分可能です。

民間スクールでは、ステップ⑤で紹介する資格系を除くと、例えば、グラフィックデザイン、Ｗｅｂデザイン、ＣＧ、映像制作、プログラミング、ドローン、ヘアメイク、スポーツトレーナー、語学など、実践的なトレーニングを通じて一定の技能を習得できるコー

スが充実しています。最近はオンラインで受講できるコースも増えています。

一方、社会人大学院は、ＭＢＡ（経営学修士）、ＭＯＴ（技術経営）など、ビジネス系のジャンルが充実していますが、このほかにも、ＩＴ、デジタルクリエイティブ、まちづくり、環境学、社会福祉学、国際協力など学べる分野は多岐にわたります。これらのタイプの大学院の多くは、学問的・理論的な教育と実践が融合した教育を提供しています。

履修方法は、大学院修士課程・専門職学位課程の正規学生として2年間通うパターンもありますし、1科目から受講できる科目等履修生として学ぶパターンもあります。正規課程とは別に、社会人を対象とした数カ月〜1年程度の「履修証明プログラム」を開講している大学・大学院も多数あるので、興味がある人はこちらもチェックしてみるといいでしょう。

また、働きながら学べる大学・大学院には通信制大学や通信制大学院もあります。社会人の場合は、仕事に活かせるレベルの力をつけるという意味では、大学院レベルの教育を求めるのが一般的ですが、基礎から学びたいという人は、通信制大学で学ぶという方法も。大卒資格がある人なら、２年次、３年次への編入学が可能です。

さらに、無料から始められる「ＪＭＯＯＣ」「ｇａｃｃｏ」、サブスクで利用できる「Ｓｃｈｏｏ」などのオンライン講座でも大学・大学院レベル、あるいは仕事に活かせるレベルの内容を学ぶことができるので、まずはこちらから始めるのもいいでしょう。

会社を辞めて（または休職して）学ぶのであれば、専門学校の正規課程や昼間開講の大学院も選択肢に加わります。昨今では実践的な職業教育を行う専門職大学・大学院も増えつつあります。この場合、学べるジャンルはさらに幅広くなりますが、学びに専念する期間が長くなるので、慎重にプランを立てる必要があります。

なお、ステップ②③と比べると、このステップは、無料オンライン講座を除けば、一定の費用が掛かります。スクールで３カ月程度であれば数万円程度で受講できるコースもありますが、社会人大学院となると、２年の通学で、年間の学費が数十万～百数十万円単位です。また、時間的な面でも、仕事と学びの両立は決して楽なものではありません。

ですから、ステップ②③と同時並行で行う自己分析を通して、「この分野の仕事を自分は本当にやりたいのか」をある程度見極めてからチャレンジすることがポイントです。

●大学院やスクールで学ぶ最大のメリットは、「共に学ぶ仲間」との出会い

社会人大学院（特にビジネス系）で学ぶメリットの一つは、今まで会社の仕事を通して、属人的、経験的に身につけてきた知識・スキルを、理論に基づいて体系的に理解できることです。これは将来独立して自分自身が経営者になったとき、助けになります。それぞれの局面での経営判断を、理論に基づいて合理的にできるようになるからです。

もう一つのメリットは、参加型のスタイルで学べること。

大学の授業というと、数十年前の自分の学生時代を思い返して、一方的な講義型の授業をイメージする人が多いかもしれません。しかし、今や社会人大学院の多くは、グループワークやディスカッション、フィールドワークなどを取り入れたアクティブな学び方が中心になっています。

この点でステップ②③と比べると、学びの質や深さが大きく変わってくるのです。この

ような参加型の学び方はスクールでも広がってきています。

そして、大学院やスクールで学ぶことの、ある意味で最大のメリットとも言えるのが、同じ夢を追いかけ、共に学ぶ仲間ができることです。たった一人で働きながら学び続けるのは大変ですが、同じように切磋琢磨している仲間と日々接していると、お互いの存在が刺激になり、それがモチベーションの維持や向上につながります。

また、**「仲間から学ぶ」という面も無視できません。ディスカッションやグループワークのなかでの仲間の言葉が気づきや発見につながることも多々ある**からです。

大学院で数年間共に学ぶことで築かれるつながりは思っている以上に強固なものです。私自身も早稲田大学ビジネススクールに通っていた経験があり、当時のつながりは今も続いています。

また、大学院は教員と学生の距離が非常に近く、修士論文がある場合はマンツーマンで密度の濃い指導も行われるので、教員とのつながりも強くなるのが特徴。結果として、大学院で得られたこれらのつながりが、その後のビジネスで活きたという例も少なくありません。

そのため、もし大学院に進学するなら、修了後も教員や修了生同士のつながりをぜひ大切にしてください。**自ら修了生ネットワークの幹事を務めるのもいい**でしょう。

なお、スクールや大学院は一定の費用が掛かるということには触れましたが、国が仕事につながる学びを支援するために実施している**教育訓練給付制度を利用すれば、実質的な負担を大幅に減らすことができます。**

意外と知られていないのですが、長年会社勤めをしてきたミドルであれば、ほとんどの人に受給資格があります。

学ぶコース次第ですが、**最大で費用の70%（上限224万円）の給付を受けられることもある**ので、自分が通いたいコースが制度の適用対象になっているかどうかはぜひともチェックするようにしましょう。

【ステップ⑤】属人的な自分の経験値を資格取得で客観評価に変える

社会保険労務士や税理士などの業務独占系国家資格を取得して独立開業を考えている人もいると思います。

もちろんゼロから資格取得を目指して独立することも可能は可能です。しかし、今は各資格で有資格者が増えて、有資格者間の仕事獲得競争が激化していることに加え、ＩＴ化が進んだことで人間が携わる業務自体が減少していることもあって、「資格を取れば食べていける」という甘い状況ではなくなっています。

そこで、**ミドルにおすすめしたいのが、今までのキャリアを補強するかたちでの資格取得**です。例えば、人事・総務部門でキャリアを重ねてきた人が社会保険労務士を目指す、経理部門でキャリアを重ねてきた人が税理士を目指す、法務部でキャリアを重ねてきた人が司法書士を目指す、メーカーの技術開発部門や知的財産部門でキャリアを重ねてきた人が弁理士を目指すといったパターンであれば、キャリアのアドバンテージを活かすことができます。

業務独占資格以外では、提案型営業や銀行の融資部門でキャリアを重ねてきた人が中小企業診断士、ＩＴエンジニアが情報処理技術者試験を目指すといったパターンもあります。

私は資格を活かして脱サラ独立した人もたくさん見てきましたが、成否を分けるのは、資格と経験値をもとにした専門性に加え、それを商売にしていくスキルです。

いずれにしても、**ポイントは資格に依存しすぎないキャリア戦略を立てること**。独立後、どのようなビジネスを展開していくかは、あくまで今までのキャリアを軸に考える。ただし、会社の看板がなくなるので、それを補う補強的な肩書きとして資格を取得するというイメージです。いわばセルフブランドづくりの一環ということですね。

もちろん、有資格者でなければできない業務があることは業務独占資格の大きなメリットですが、私は、むしろ資格取得によって、今まで実務を通して積み上げてきた経験を客観評価に変えることができるのが大きなプラスになると考えています。

なお、これは後々の話になりますが、資格を取得していることをあえて公表しないほうがいい場合もあります。

どのようなビジネスを展開しようとしているかによりますが、資格名を前面に出すと、顧客が固定観念で支援サービス・仕事内容や報酬相場を判断してしまう可能性があるからです。新しいビジネスや多様な事業展開を考えている場合はそのデメリットも意識しましょう。

もちろん、資格で得た知識は実務ではプラスになるので、資格取得自体が無駄ということではありません。大切なのは、あなたの天職実現に向けて学んだ資格をどう戦略的に活用できるかです。

これらの資格取得はいずれも難関と言われており、資格スクールや通信講座を利用して受験対策をしたとしても、一般的には1年以上は学習期間が必要です。税理士などは働きながら4～5年プランで合格を目指す人もいるので、取得に要する期間や合格率などをよく調べて、在職中の早いうちから学び戦略を立てましょう。

●学びたい分野に検定試験があればぜひ受験してみよう

また、これらの業務独占系国家資格以外では、日商簿記検定や英検（実用英語技能検定）、TOEIC、ビジネス実務法務検定試験など、さまざまな分野で実施されている検定試験も、段階的なスキルアップを図りたい人にはおすすめです。

日商簿記検定や英検などは入門レベルから上級レベルまで細かく級が設定されているので、自分の学習段階に応じて目標を設定することができます。TOEICはスコアで判定されますが、これも同じことです。

学び始めた段階でも、**短期目標が設定できるので励みになりますし、自分がどの段階までレベルアップしたかの目安となるのもメリット**です。学びたい分野に検定試験があれば、ぜひ受験を検討してみましょう。

【ステップ⑥】聞くに聞けない内情を学ぶには、弟子入りバイトがいちばん

どんな仕事でも、やってみないとわからない注意点や内情のようなものがあります。

例えば、仕事はどうやって獲得したらいいのかといったことから、どのプロセスは簡略化してもよくてどのプロセスは絶対に手を抜いてはいけないかとか、値付けや価格交渉はどのように進めたらいいのかとか、顧客の理不尽な要求にはどう対応したらいいかといったことですね。

これらのことはなかなか本だけでは学べませんし、セミナーや学校でもオープンに教えてもらえるものではありません。ではどうやって学んだらいいのでしょうか。

おすすめなのは、先行プレイヤーに弟子入りすることです。ステップ①～⑤までの学びで出会い、影響を受けた先行プレイヤーに**「とにかく仕事を手伝わせてほしい。バイトでもボランティアでも構いません」と頼み込んでみる**のです。

「募集もしていないところに弟子入りなんてできるものなのだろうか」と思う人もいるでしょう。もちろん、無下《むげ》に断られることもあるはずです。しかし、相手がたまたま人手が足りなくて困っているということもあるかもしれませんし、こちらの熱意にほだされて受け入れてくれることもないわけではありません。無償でもいいなら、先方にとっては願ったり叶ったりということも十分あり得ます。

タダ働きかと思われるかもしれませんが、**本やセミナーでもなかなか学べない仕事の生々しい実情を教えてもらえるととらえるならば、むしろこちらが授業料を出してもよいくらい**かもしれません。実際、数十万の受講料をとって少人数のかばん持ちをさせるベテラン経営コンサルタントもいます。

とにかく、やってもみないで「どうせダメだ」と勝手に結論を出す前に、まずはアタックしてみることが大事です。その行動力は後々のビジネスにも活きてくるはずです。

弟子入りが叶ったら、師匠のアシスタント的な業務をしながら、師匠の仕事を間近でよく観察すると同時に、自ら積極的にアピールして、任せてもらえる仕事の範囲を広げていきましょう。最初はうまくいかず注意されたり怒られたりすることもあるはずです。それこそがまさに実務を通してしか学べない注意点や機微《きび》ということです。

また、弟子入りによって師匠とのつながりが強くなるのはもちろんですが、師匠がつながっている多くの業界関係者たちとの人脈も、師匠を起点に広げていくことができます。これも大きなメリットなので、弟子入りしたら周囲との積極的な人間関係づくりも心がけましょう。

【ステップ⑦】勉強会は参加するのではなく、主宰者になって最新情報とご縁を広げる

ステップ①～⑥の学びと並行して取り組みたいのが勉強会（一般名称として「勉強会」を使います）です。

例えば、大学院で2年かけて何かを学んだとしても、学んだ知識はすぐに陳腐化し始めます。本やセミナーで得た知識も同様。今はそれくらい時代の変化、ビジネスの変化が早い。だから、学び続けることが大切なのです。

しかし、たった一人で取り組む学びはどこかで息切れしがちです。特に仕事がうまく回り出し、忙しくなると、学びどころではないという意識になってしまう人もいます。

勉強会は学びを継続するための仕掛けの一つです。勉強会が定期的にスケジュールに組み込まれていれば、忙しくても後回しにすることはできません。

また、ステップ②でも少し説明しましたが、日常的に研究発表（＝アウトプット）の場があるということが大事なのです。共に学ぶ仲間が増えるのもモチベーションを維持することにつながります。

世の中では多様なテーマで数多くの勉強会が開催されており、ＳＮＳなどで情報を入手したり、主宰者とつながったりすることが可能です。ただ、せっかくやるなら既存の勉強会に参加するのではなく、自ら主宰者となって勉強会を開催することをおすすめします。

なぜかというと、自分が主体となってことを立ち上げ、他人を巻き込んでいくというプロセスを経験すること自体が、定年後のビジネスに活きる実践的な学びになるというのが一つ。また、勉強会のテーマなども自分の意向を強く反映させることができるのもメリットです。さらに、**ゲストスピーカーを招く際には、自分が中心になってやりとりをすることで、そのスピーカーとより強い関係を作ることもできます。**

スケジュールや会場の設定や手配、各種連絡やゲストとのやりとりなど、主宰者は面倒な仕事が多くなるように思えますが、実は役得なことも多いということです。

●勉強会に参加していることに満足してしまってはダメ

なお、勉強会ではメンバーが交代で講師役を務めるケースもありますが、**チャンスがあればぜひ講師役を買って出ましょう。**

第２章でも触れましたが、講師役として人に教える行為は、アウトプット型の学びとして非常に効果があるからです。

人前で話すためにポイントをまとめることも頭の中の整理になりますし、その過程で、自分ではなんとなく理解していたつもりだったのに実は曖昧にしかわかっていなかったことが明らかになることもあります。また、**想定外の質問を受けて、知識不足や考察不足に気づくといったこともあります。**

まだ学びの途上の段階で、実務経験も浅い場合、仕事として一般のセミナーなどで講師を頼まれる可能性は当然ながらほとんどありません。しかし、仲間内の勉強会であれば話は別。自ら手を挙げれば問題なく講師役を務めることができるはずですし、力不足だからと遠慮する必要もありません（自分が主宰している勉強会ならなおさらです）。

また、他のメンバーやゲストスピーカーの話を聞く場合にも、しっかりメモを取り、要点や感想をそのつど記録することが大切なのは、その他の学びと同様です。

勉強会に参加していることに満足してしまってはダメです。そこで得られた新たな知識や気づきを毎回しっかりと自分のものにするという貪欲さを持ち続けましょう。

【ステップ⑧】専門以外の教養を幅広く学び続け、専門分野を相対化させる

８つめのステップは、仕事に直接関係ない「教養」についてです。

今は、世の中もビジネスも変化のスピードが非常に速く、キャリア豊富なミドルといえども、今までの経験だけで対応するのは難しくなっています。どんなビジネスでも、成功例を追いかけようとすれば、その時点ではもう別の新しいビジネスが生まれており、マーケットも変化している。短いサイクルでそれが繰り返されます。

このような教科書のない時代に、ビジネスを仕掛ける側に立つには、自分の頭で考えて、自分で答えを出していかなければなりません。そんなときに思考の土台になるのが、専門分野以外の教養なのです。これが、今、世の中で盛んに「ビジネスパーソンは教養を学ぶべき」と喧伝されている理由です。

例えば、あなたが家電の開発を行っているとしましょう。単なる機能の改善・リニューアルなら今までの延長線上で対応可能です。しかし、マーケットが変わってしまい、もうそれだけでは売れなくなってしまっている。家電というものの役割を根本から問い直すような発想が必要だとなったとき、それまでのノウハウの範疇《はんちゅう》でいくら考えても答えは出ません。

例えば、人間の心理やライフスタイルを多角的に分析して、実際にはまだ行われていない家電の新しい使い方を考えるといったことも必要になります。そのためには、行動心理学からのアプローチや、日本人の生活様式を改めて問い直すための文化人類学的なアプローチなどが必要になるかもしれません。あるいはまったく違う領域の専門知識と家電とを結びつけて、新しい着想を得るというアプローチも考えられるでしょう。

いずれにしても、家電のことしか知らない、いわゆる専門バカになってしまっては、このような発想は難しいものです。とはいえ、「だったらこれを学んでおけばＯＫ」という正解があらかじめわかっているわけでもありません。

その人が、それまでに蓄積してきた膨大な教養のうちのどれかがヒットするかもしれない、それらを組み合わせることで今までにない視点が得られるかもしれないということですから、人や社会の本質を知るために、幅広く深く学び続けることが必要なのです。

●教養の身につけ方

教養の身につけ方に決まったルートはありません。ただ、網羅的に学ぼうとしても学ぶ量が膨大になりすぎますから、自分なりの学び方を決めておくといいでしょう。

例えば、最近は教養ブームのなかで、ビジネスパーソン向けの教養の入門書なども多数出版されていますし、『サピエンス全史』（河出書房新社）のような読み応えのある教養書がベストセラーになることも増えています。まずはこういったベストセラーから入って、知識不足だと感じた分野や興味を抱いた分野に関してさらに掘り下げていくという学び方もあるでしょう。

世界的に紛争が増え混迷するなか、民主主義や資本主義の課題も指摘されています。こういった分野の古典をあたってみるのもよいでしょう。宗教について学んでいくと、表層的な一般報道の背景が読み取れることもあります。

あるいは、**好きなことを軸に学びの幅を広げていく**という方法もあります。

例えば、あなたがコーヒー愛好家だとしたら、その気になれば、コーヒー豆の品種、産地の地理・歴史・政治、コーヒーの産業システム、コーヒー豆の成分、国による嗜好の違いやその文化的背景など学ぶことは多岐に広げることができます。

好きなことを知るための学びですから、興味を持って取り組めるはず。学べば学ぶほど疑問や知りたいことは増えていきますから、連鎖的に、コーヒーにとどまらない幅広い教養を身につけることができるでしょう。

また、**今、関心を持っている社会問題の背景や解決策について考えるために、必要な知識を学んでいく**という方法もあります。

例えば、コロナ禍というテーマを掘り下げようと思ったら、医学や薬学に関する知識はもちろん、歴史上のパンデミックに人類がどう対処してきたかも知る必要が出てきますし、各国の政策の違いにどのような政治的・文化的背景があるのかといったことも学ぶべきテーマになるでしょう。「なぜ日本人はきちんとマスクをするのか」という観点から、日本人や日本文化について考察することもできるはずです。

●すぐに役立つことはすぐ役立たなくなる。教養はその逆

どのような方法で学ぶにせよ、大変そうだと感じた人もいるかもしれませんね。しかし、主体的な知識欲が原動力となった学びは、やればやるほど楽しくなってくるという面があります。なにしろ、自分が知りたいと思ったことがわかるようになるのですから。

また、**教養の幅が広がれば広がるほど、自分の思考に変化や成長が実感され、それが新たな学びへのモチベーションにつながっていく**という相乗効果もあります。

そして、**専門外の領域を深く学ぶことは、自分の専門分野について今までとは違った角度からとらえ、相対化する視点を養います。**また、表向きはまったく接点がないジャンル同士を両方深く追究していくと、意外にも共通する要素が見えてくることもあります。

すると、その共通点で両者を結びつけて考え、「ジャンルAでこの方法が有効だったなら、ジャンルBでもその方法は応用できるのではないか?」といった発想をすることもできます。**異なる領域のものを結びつけたところにイノベーションが生まれると言われますが、それを実現するための一つの手段が、専門外に関する学び、教養に関する学び**なのです。

教養に関する学びはまさにゴールがありません。すぐには目に見える成果も現れないかもしれません。すぐに役立つことは、すぐ役立たなくなると言われます。教養はその逆。すぐに役立たないことかもしれませんが、先々役立つ可能性があります。

教養は、あなたの視野を広げ、視座を高め、思考のレベル・人間としての幅すらも広げてくれます。大事なのは継続して学び続けることです。そのためには、前述のように自分なりの学び方を決め、毎週決まった時間は教養に関する読書に充てる、あるいは教養をテーマとした勉強会を開催するなど、学びをルーティン化することがポイントです。

*　*　*

比較的取り組みやすいものから、実践を伴う参加型のものまで、８つのステップに分けてミドルの学びについて解説してきました。

このうちステップ①〜③と⑧は必須、④〜⑦は適切なタイミングで自分に合ったものを選んでいくというイメージでとらえてください。ポイントは、受動型の学びから参加型の学びへ、段階的にステップアップしていくことです。

では、早速目指す仕事に目星を付けるところから取りかかりましょう。

第5章

やりたい仕事にたどり着くための「8つの質問」

——筆者・前川孝雄の紆余曲折の学びヒストリーを参考に自分自身の「学び戦略」を考えてみよう

この章では、第4章の「学び方8つのステップ」に合わせて、8つの問いを立てていきます。自分を振り返りながら、一つひとつの問いについてじっくり考えてみてください。
なお、机上の空論に終わらないよう、それぞれの問いについて、みなさんより先に悪戦苦闘を続け、学ぶことで人生が変わり天職をつかむことができた、筆者・前川の経験談もお伝えしていきます。みなさんが自分自身の学びについて考える参考になれば幸いです。

Q1 うっすらとでも気になる仕事は何ですか?

これから第二の職業人生に向けた準備をスタートしようとしているあなたは、まだ「どんな仕事に取り組むか」までは決まっていないかもしれません。これは非常に大事な選択になるので、慌てて結論を出す必要はありません。自分が本当にやりたいことは、学ぶ過程で徐々に明確になっていくはずです。

ですから、**この段階では「なんとなく」でも「少しだけ」でも構いません。また、一つ**

でなくても構いません。第４章のステップ①で挙げた着眼点をヒントに、気になっている仕事があったらリストアップしていきましょう。

「今の仕事の延長線上で考えるとどうか」「子どもの頃になりたかったものは何か」と思いを巡らせていけば、いくつか候補となる仕事が浮かんでくるはずです。

本当にやりたいことを見つけるのは、誰にとっても簡単なことではありません。**私自身、今取り組んでいる人材育成というテーマに巡り会うまでには紆余曲折がありました。**決してキャリアの最初からこのテーマが明確になっていたわけではなく、**さまざまな学びや現場での経験を経てここにたどり着いた**のです。

●「いつかは独立したい」という漠然とした思いだけはあった

社会人としてのキャリアがまだ浅かった頃は、会社員として働きながら、「このままずっと会社依存のままのサラリーマンではいたくない。いつかは独立したい」という思いだけを抱いていました。しかし、やりたいことはこの時点では明確ではありませんでした。

そこで、第2章でも触れたように、たまたま情報誌『ケイコとマナブ』で見つけた税理士に注目し、週末に学校に通ってみることにしたのです。働きながら簿記の基礎から学び始めましたが、やってみてわかったのは「数字に向き合う仕事は自分には合わない」ということでした。もちろん、税理士は世の中に必要な仕事です。でも、私には向いていなかったわけです。

一見、遠回りのように思われるかもしれません。しかし、ここで「自分に向いていないこと」を自覚できたことが、「自分はむしろ人と向き合う仕事にワクワクする」ということに気づくきっかけになったわけですから、この経験は決して無駄ではなかったと思っています。

また、今となっては笑い話ですが、当時勤めていたリクルートはカンパニー制を敷いており、各事業部の独立性が高かったこともあり、別の事業部に所属していた私は、恥ずかしながらこのときまで『ケイコとマナブ』がリクルートの発行誌であることを知りませんでした。『ケイコとマナブ』は新規事業で発行間もなかったこともありましたし。

ただ、自分自身のキャリアにも影響を与えた『ケイコとマナブ』に対して、「人生を変える学びを応援するって素晴らしいな」と強く感じました。私は、同誌が自社の出版物だと知って、学び情報誌の編集という仕事に憧れるようになりました。そして、その後、社内公募制を活用して異動願いを出し、『ケイコとマナブ』の編集者となることができたのです。

●「このままでは編集長になれない」という危機感から社外で学ぶように

同誌の編集者としての仕事にはやりがいを持って取り組むことができました。そして、次第に、「どうせやるなら自分の権限で世の中にメッセージを発することができる編集長になりたい」という思いを抱くようになったのです。

ただ、当時のリクルートは、『就職ジャーナル』編集長の長薗安浩さん、『ＡＢ-ＲＯＡＤ』編集長で、後に『ゼクシィ』をヒットさせた芳原世幸さん、『とらばーゆ』編集長で、後にＮＴＴドコモでｉモードを生み出した松永真理さん、〝創刊男〟の異名をとったくらたまなぶさんなど、綺羅星《きらぼし》のごとく名物編集長が揃っていました。

「今の自分のままでは、このすごい顔ぶれの末席に加わることすら難しい」と考えた私は、スキルアップのきっかけをつかもうと、宣伝会議が主催する「コピーライター養成講座」へ通い始めます。

するると、この講座の講師陣がまたマスコミ・広告業界で超一流の仕事をしているすごい人たちばかり。この新たな学びを通して私が得た気づきは、「自分は突出したクリエイティビティを持ったカリスマ編集長にはなれない」ということでした。

自分の限界を知るということはつらいことでもありますが、次の一歩を踏み出すきっかけにもなります。

「個人として突き抜けたカリスマ編集長が無理なら、編集部のメンバーそれぞれの持ち味を活かし、その全体の力を一つにまとめ、方向付けるリーダーシップを鍛え発揮する編集長になろう！　また、ヒットする企画や売れる雑誌を作るのみならず、縁の下の力持ちとしてビジネスを成り立たせるスキルまで学ぼう！」

これが新たに設定した目標でした。クリエイターとしての能力では諸先輩方には追いつけないので、ビジネスをプロデュースするマネージャーとしての役割に注目したのです。

そうキャリア戦略を考えながら情報収集していると、社内選抜試験に合格できればビジネススクールに派遣してもらえるという有難い人事制度を発見しました。実務を離れて、1〜2年間、完全に学生として学べるというもの。しかも、給与は大きく下がるものの、学んでいる間の生活保障給まで出してくれるというのです。

「ビジネススクールに入学できれば、経営戦略、人事、マーケティング、財務・会計、IT戦略など、まさにビジネスをプロデュースするために必要なスキルが学べる！」

実は、ビジネスプロデュース＝経営全般をOJTで学ぶには、それぞれの専門部署で数年ずつ、10年以上かけてジョブローテーションしなければいけないと私は考え始めていました。でも、そのためには大好きな『ケイコとマナブ』編集部を去らなければいけないし、そんな都合のいい異動などさせてもらえない……と悶々と悩んでもいた当時の私には、このビジネススクール派遣制度は渡りに船でした。

●直属の上司に強く反対されるも、ビジネススクールに入学

早速、社内選抜に挑んだのですが、当時、現場の編集者社員がそうした挑戦をすることは珍しく、ライバルは本社の経営企画セクションの賢そうな人ばかり。論文試験や面接などではかなり場違いな印象でしたが、有難いことに人事役員がおもしろがってくれて、見事合格できました。その後いくつか候補のあった学校のなかで、早稲田大学ビジネススクールに目星を付けて、入学試験も突破することができました。

ところがビジネススクールに入学する旨を直属の上司に報告すると、強く反対されてしまったのです。

「せっかく、今の業績評価はまずまずで、順調にいけば、来年にでも管理職に昇格できるのに、休職して学校なんかに通ったら、戻ってきたときに管理職ポストがあるかどうかわからないぞ」

私の社内キャリアを考えての親心でした。こう心配してくださったことにとても感動しましたし、正直なところ出世欲もありましたから、気持ちは揺らぎました。

でも一晩冷静にやりたい仕事をとらえ直し、当時の私には課長や部長になることよりも、まずはビジネスプロデュースを学んで、編集長を目指すことが優先だと考えました。その考えを上司に伝え、私はビジネススクールに入学することとなりました。

●学生時代とは大きく異なり、前向きに学べた

ビジネススクールでの1年間は、それまでの人生の中で最も学びに集中した時間でした。欧米で開発された最新の経営メソッドに新鮮さを感じたこともありますが、何よりやりたい仕事に近づくためという明確な目標がありますから、学生時代と大きく異なり、前向きに学べたのです。

その刺激的な学生生活を終えて、会社に戻った私は、その後1年ほどで、目標を叶えることができました。自分なりの編集長像も次第に明確になり、希望が叶って『ケイコとマ

ナブ』の編集長に就任。リクルートでは、その後も、『仕事の教室（仕事の教室ビーカム）』、『好きを仕事にする本』、『就職ジャーナル』、ネット媒体の『Ｔｅｃｈ総研』『リクナビ』などの編集長を歴任できたのです。

そして、『就職ジャーナル』『リクナビ』と大学生の就職に関わるメディアに携わるなかで、第３章でも触れたように、就活に臨む大学生たちに元気がないことが気になるようになり、若者を対象としたキャリア支援や人材育成というテーマが自分の中で大きくなっていきます。ここでようやく独立してやりたいことが見えてきたのです。時機が来たと感じた私は、会社を早期退職し、株式会社ＦｅｅｌＷｏｒｋｓを立ち上げました。

●ワクワクする「やりたい仕事探し」は独立後も継続

ただし、やりたいことの追求は独立後も続いていきます。人材育成を生業として働き始めると、日本企業で若手が育ちにくくなっているのは、若手自身の問題というよりも、彼ら彼女らを育てる組織・管理職の問題でもあると考えるようになり、私自身のテーマは

「上司力の育成」へとシフトしていきました。

このように、現場で感じた課題から新たな仕事のテーマを見出すということを、私はこれまでも繰り返してきました。例えば、ここ数年は、多くの企業で「上司力研修」の受講者である中間管理職のミドルが苦しんでいるのを目《ま》のあたりにして、ミドルが第二の職業人生へとシフトし元気になるための支援にも仕事の範囲を広げています。まさに本書を含む『50歳からの〜』シリーズがそれです。

さらに最近では、企業内人材育成が滞りがちなのは、社会が激変する中での日本型雇用の機能不全だと考え、人を活かす経営の変革にも挑み始めています。

今後も現場に向き合う限り、私が取り組むべき新しいテーマはまた生まれてくるはずです。その意味で、私にとってのワクワクする「やりたい仕事探し」はまだまだ終わることはありません。

Q2　その分野の専門書は読みましたか？

気になっている仕事があったとして、その分野について深く知るために何か専門書を読んだかどうかが2つめの問いです。

人によっては、学者や研究者による専門書にはとっつきづらいイメージを持っているかもしれません。確かに、手軽な入門書と比べれば読みづらさはありますが、著者の考え方を正しく理解するには、第4章のステップ②でも説明した通り、原典あるいは原典の翻訳書を読むのがいちばん。そのためには早いうちに苦手意識を取り除いて、専門書に慣れ親しむ習慣を身につけることが大切です。

かくいう私も、人材育成のプロを名乗って働き始めるまでは、ビジネススクールに通っていた時期を除くと、難解な原典を読む習慣はありませんでした。理論派ではなく現場派のコンサルタントとしてやっていこうと考えていたので、理論習得はそこまで重視していなかったのです。

しかし、仕事を始めると、お客様が人事・組織関連の理論をよく学んでいることがわかりました。プロとして仕事をする以上、何を強みにするにせよ、**お客様より知識がないという状況は許されません。**

危機感を抱いた私は、人事・組織やマネジメントに関して名著と言われている本を片っ端から読み始めました。例えば、アルフレッド・チャンドラーの『組織は戦略に従う』、チェスター・バーナードの『経営者の役割』、ヘンリー・ミンツバーグの『マネジャーの仕事』といった本と格闘を続けたのです。

●週に2～4冊の読書習慣を続けたことで自信がついた

「時間のあるときに読もう」と考えていると、分厚い専門書はなかなか読み進められません。そこで私は、読書をルーティンとして習慣化することを自分に課しました。

早期退職を決断した15年前に週に2～4冊は必ず読むと決め、今に至るまでこの習慣は続けています。毎週このペースで読んでいけば年間100～200冊。この読書習慣を2

〜3年続けると、プロとして必要なベーシックな知識は一通り網羅され、自信もついてきました。

本の読み方は第4章でも説明した通りです。特にポイントになるのが、**ブログに読んだ本の要約・感想やポイントをまとめている**ことでしょうか。**このように記録していくと、本の内容を再確認したいときなど、自分のブログを検索すればいいので大変便利**です。

今では共に働く社内メンバー全員が読書をルーティンにすることに取り組んでいます。週1回のミーティングの際には、一人ひとりが最近読んだ本の感想や学びをプレゼンしあう「みんなの読書コーナー」を設けて、アウトプットの機会としています。プレゼンを聞く側にとってはインプットにもなるので、組織全体の知識量はどんどん増えていくというわけです。

なお、私が読むジャンルは人事・組織やリーダーシップ、マネジメント、心理学の古典と経営者など各界リーダーの自伝が中心。一般的なビジネス書に関しては、話題になっている本はいちおう目を通すという程度です。

古典で汎用的な理論を学び、実在するリーダーの自伝で個別の経営思想やリアルな経営判断について学ぶ。この両輪で読書を続けると、属人的な思想や経験を汎用的な理論に当てはめて解釈できるようになります。

つまり、偉大な研究者が究めた理論が、実際の企業経営の現場でどのように活かされているかをリンクさせて理解できるということです。この積み重ねで得られた知見は、今に至るまで私のバックボーンとなっています。

Q3　講演会・セミナーに参加しましたか？

気になる仕事がすでにあり、気になる先行プレイヤーがいるなら、あなたはその人の話を講演・セミナーなどで実際に聞いたことがあるでしょうか。これが３つめの問いです。

本は読んでいても、講演会・セミナーとなると腰が重くなる人もいますが、**その道のプロの生の言葉にはやはりインパクトがあります。自分が興味を抱いている仕事の先行プレ**

イヤーならなおさらです。その後のキャリア選択や学びのプランニングに大きく影響する可能性もあるので、ぜひ開催情報をリサーチして、積極的に参加してほしいと思います。

私も、数多くの先行プレイヤーの講演会・セミナーに参加し続け、それは今も続いています。挙げていったらきりがありませんが、経営・人事・組織論の領域のパイオニアである野中郁次郎さんや高橋俊介さん、金井壽宏さん、著名経営者の方々、講演活動の師匠とも言える大谷由里子さんなど、第一線で活躍するプロの講演会やセミナーに何度も足を運んできました。

もちろん、登壇される講師の著作はすでに読んでおり、主張の概要は理解しているのですが、実際に話を聞くと、そのつど刺激を受け、新たな気づきがあります。本に書かれていない最新の話が聞けることもありますし、より踏み込んだ内容のエピソードを聞けることもあるからです。

また、**数多くのプロの話を聞く意味は、その分野のトレンドや相場観をつかむことにもあります。それによって自分が業界内でどのように位置づけられるかも見えてくる**のです。

●プロ中のプロの講演を数多く聞き、自分独自のスタイルを模索

加えて、私の場合は独自に探究し磨き上げた人材育成の思想を広く伝えることを仕事としている関係上、さまざまな業界の第一線で活躍する人たちのプレゼンの技術も大いに参考になりました。

実は、独立後、「自分の主張はオーソドックスで特別なことは何も言っていない。話し方も我流だし、これでいいのだろうか」と悩んでいた時期がありました。

しかし、数多くの講演会・セミナーに足を運んでいると、先行プレイヤーの方々の話す内容もそのコアな部分は共通していることがだんだんとわかってきたのです。

それはそうです。プロ中のプロが真摯に考え抜いてたどり着いた結論がそうバラバラになるものではありません。ただ、原理原則は共通していても、これら一線級の人たちは、盛り込むエピソードや伝え方の面で強烈なオリジナリティを持っている。そして、何よりも信念。大事なのはそこなのです。

講師業の本質は、聴衆の意表を突くトリッキーな理論を編み出すことではなく、本当に

大事なコアの部分をいかに効果的に伝えるかにあると気づいた私は、それをきっかけに講師として一皮むけることができたと感じています。

Q4　自分の経験値を体系化するために何を学びますか？

この本の読者の多くは、「本格的な学びに取り組むのはこれから」という段階にあると思います。そこで今から意識してほしいのが、「自分の経験をどうやって体系化していくか」ということです。

経験値は体系化することによって、一気に汎用性が高まります。この体系化というプロセスを経ないと、職場や仕事が変わったときになかなか応用が利かなくなる。**経験で得た知識やスキルを陳腐化させないためにも、学びによる体系化は必須**です。

では、そのためには何を学ぶのか。それが学べるのは社会人大学院なのかスクールなのか。大学院だとしたら、どの研究科・専攻なのか。自分の経験を振り返りながら、最適と思える学びを探っていきましょう。

経験を体系化するための学びというと、私の場合は先述の早稲田大学ビジネススクールが思い出されます。

当時は情報誌の編集者として仕事をしているなかで、編集業務も読者マーケットの動きを意識して取り組んでいましたし、マーケティングチームとも日々連携していましたから、マーケティングに関しては経験を通して断片的な知識は持っていました。

当時編集長を目指していた私は、この属人的な経験に基づく知識・スキルを体系的に学び直すため、会社を辞めずに早稲田大学ビジネススクールへの進学を決めたのです。

●ビジネススクールで教わった、最先端の戦略理論よりも大切なこと

ビジネススクールというと、最先端の戦略理論が学べるというイメージを持っている人も多いかと思います。私も、「アンゾフの成長マトリックス」「プロダクトポートフォリオマネジメント」「ポーターの競争優位戦略」など、当時最新と言われていた経営戦略やマ

ーケティングの理論を数多く学びました。

しかし、これらの理論は実は今では自分の中にあまり残ってはいません。もちろん理屈は覚えていますが、いまやビジネスパーソンなら誰でも知っている一般的な知識となり、優位性にならないのです。


それよりも強いインパクトを受けたのは「マーケティングとは人間研究だ」という指導教授の言葉です。根本にこの本質があって、さまざまな最新理論が時代に応じて派生してくるということなんですね。最新理論だけつまみ食いしても、この本質を理解していなければマーケティングを理解したことにはならない。目からウロコが落ちる思いでした。

また、ゼミでは、マーケティングの歴史に関する分厚い本も読み込みました。現役ビジネスパーソンは、「学者じゃないんだから過去のことなんてどうでもいい。最新の理論だけが知りたい」と考えてしまいがちですが、実は歴史を知ることも本質に迫るために必要な学びなのです。

どのような経緯でマーケティングが発達してきたのか、その背景を知ることで、数ある理論の相対的な位置づけを理解できるようになります。どの理論も絶対の正解ということはあり得ませんから、局面に応じて、自分で考えて応用していかなければならない。「今、この理論が使えるのか使えないのか。使えないとしたらその理由は何か」ということを自分なりに考えるには、歴史という過去に遡るベクトルでの体系化も必要なのです。

●「何か質問はありますか？」という教授の問いかけから授業が始まる衝撃

指導教授の授業は、今までの受け身の学びとはまったく異なるものでした。

「何か質問はありますか？」という教授の問いかけから授業が始まったときは本当に驚きました。なんの講義もなく、いきなりでしたから。その瞬間、**真の学びは受け身ではダメ**なんだなということを理解しました。その日のテーマに関する単なるインプットなら、教科書を読めば十分。それはやったうえで、**教授やクラスメートとディスカッションしながら疑問点を明らかにしていくのが、大学院の参加型の学び**なんですね。

こういったことはまさにビジネススクールに通ったからこそ理解できたことです。

また、こちらは本による学びが中心ですが、ここ10年ほどはポジティブ心理学が私にとって関心の高い領域となっています。

私たちFeelWorksは、人々の「働きがいの醸成」や「内発的動機付け」というテーマに10年以上取り組んでおり、さまざまな企業、個人の課題解決のサポートをするなかで、心理学に関する深い理解が必要であることを痛感していました。

前職リクルートの育成風土をつくり上げられた大沢武志さんの『心理学的経営　個をあるがままに生かす』は、30年ほど前の本ですが、たびたび読み返し学んでいます。

そこへ、新しい流れとして、アメリカの心理学者マーティン・セリグマンらが提唱するポジティブ心理学が注目されるようになってきました。それまでの心理学は、心の傷やうつなどネガティブな状態の研究やアプローチ中心だったため、画期的な潮流です。これがまさしく私たちが取り組んでいる仕事とリンクする内容だったわけです。日本では慶應義塾大学の前野隆司教授が提唱する「幸福学」も、同じような理由で大いに注目しました。

ここ数年は、専門書を漁るように読み、ポジティブ心理学から自分たちがやっていることの科学的な裏付けを得つつ、学問的な研究成果を現場の研修やコンサルティングに反映させるというサイクルを続けています。まさに、経験を体系化する学びですね。

直近では、一橋大学の米倉誠一郎名誉教授が立ち上げられて学長を務めるCR-SIS（クリエイティブ・レスポンス-ソーシャル・イノベーション・スクール）に1期生として半年間通学しました。社会的にも大きなテーマであるSDGsについて体系的・多角的に学んだことで、自分たちが人材育成の要と考える「働きがいの醸成」の意味を俯瞰《ふかん》的にとらえ、その社会的意義を改めて本質から見つめ直すことができたと考えています。

Q5　自分の経験値を客観評価に変えるために何を学びますか？

会社を辞め、独立して個人として仕事をするにあたっては、会社の看板に代わる自分自身の看板が必要になります。いかに実力があっても、何らかの看板がなければ、お客様はあなたが何者であるかを判断できないからです。つまり、**セルフブランディングをどうしていくか、そのために何を学ぶか**が5つめの質問です。

例えば、資格取得もそのための選択肢の一つでしょう。あるいは、本を出す、大学などで講師を務めるといった方法もあるでしょう。いずれにしても、学びは重要なキーとなります。自分だからこその、セルフブランディングとそのための学び戦略について、じっくりと考えてみてください。

私の場合は、青山学院大学で兼任講師を務めていることが、自分自身にとっての学びであると同時に、セルフブランディングの一つになっています。

担当しているのは正規課程の「キャリアデザイン特別講座」ですが、仕事で経験してきたことが講義のベースとなるとはいえ、学生に教えるとなると、改めて知識を体系化し、整理することが必要です。また、現役の学生と触れ合い、彼ら彼女らの生の声に触れることは、私にとっては新たな知見を得る貴重な機会。第2章でも説明したように、教えることとは、それ自体が学びでもあることを実感しています。

それと同時に、起業当初は大学の講師の肩書きは、自分が何者であるかを客観的に証明する材料としても役立ちました。サラリーマンを早期退職や定年退職してしまうと、もはや自分の身体のみで勝負しなければいけません。特に**独立から間もない時期は、私を知らないお客様からの信頼を得やすいという意味で、この肩書きが持つ意味は大きかった**はずです。

２０２０年からは、情報経営イノベーション専門職大学でも客員教授を務めています。

このほかでは、日本を代表する大手企業が正会員として名前を連ねる一般社団法人企業研究会で研究協力委員サポーターを務めていることも、最新動向の学びとともにセルフブランディングにつながっていると感じています。

また、本も30冊以上出版してきました。魂込めて書いた一冊一冊が私の子どもであり、分身のようなもの。最初に執筆したのはサラリーマン時代に書いた『上司より先に帰ったらダメですか？』（ダイヤモンド社）でしたが、独立後には、お客様に対して名刺代わりとしての役割を果たしてくれたものです。

折に触れ本を書くことは、その時点での自分の知見を整理することにも役立ち、もちろんですが、私の専門領域や考え方を広く知ってもらうことにも大いに役立ちます。

●自分で資格を取得するのではなく、資格取得者の力を借りるという方法も

なお、資格取得に関しては、現在は経営者である私はＦｅｅｌＷｏｒｋｓというチーム単位で考えています。

私自身は、スキル・資格取得に労力を割くよりは、時代や社会の大きな変化や事業の展望を切り拓くための学びや、組織を率いる経営者に必要な学びに専念し、資格取得による個別の専門スキルの習得はメンバーに任せるというのが基本方針。「自己研鑽支援制度」を作り、一人年間５万円まで補助しています。一人で学べることには限界がありますが、チーム全体で役割を分けて学び戦略を立てれば、会社としての総合的な力を効率的に高められるからです。

メンバーはキャリアカウンセラー、産業カウンセラー、心理学系の資格であるＮＬＰ資格などを取得していますから、専門的な知識が必要な場面では彼らの力を借りればいいのです。

メンバーに有資格者がいるということは、会社単位でのさらなる信用獲得につながりま

す。もし、独立後、あなたが組織を立ち上げるつもりなら、このような戦略の立て方もありだと思います。

Q6　仕事の実態・内情を知るために何を学びますか?

第4章のステップ⑥でも説明した通り、仕事の実態や内情に関しては、なかなか本や講演・セミナーでは学び切れないところがあります。人から直接学ぶ必要があるのです。

Q2〜4までで、注目する先行プレイヤーが見つかっているなら、その人に弟子入りして直接学ぶチャンスを作り出すこともできるでしょうし、業界ごとに作られているプロのネットワークに参加して、そこで情報収集する方法などもあります。

なにしろ学ぶ相手は人ですから、どんな出会いや縁があるかは運次第という面もあります。自分ならどんなやり方が考えられるか、あらかじめいくつかプランを立て、時機を逃さず積極的に行動できるよう準備をしておきましょう。

私の場合は、独立して間もない頃、元吉本興業のマネージャーで、笑いを取り入れた人材育成に取り組んでいた大谷由里子さんが指導する講師養成講座に参加したことが、講師業のリアルを知る機会となりました。

半ば弟子入りのようなもので、大谷さんには鍛えてもらいました。「講師たるもの、人前で語れるコンテンツを持っていなければならない」を持論とする大谷さんは、「今から15分、何でもいいからプレゼンして」と無茶振りをしてきます。最初は戸惑いましたが、このような実践を想定したアウトプット型のトレーニングこそ、講師に必要な臨機応変さや瞬発力を養うためには必要なんですね。

このようなトレーニングを繰り返し、私は少しずつ講師として仕事をするための胆力やノウハウ、実践力を習得していきました。大谷さんの講演の前座として登壇する機会も与えられ、現場での講師経験も少しずつ重ねていくことができました。

独立講師から研修会社経営者となった現在は、自社で「働きがいを育む講師養成講座」を開講し、働く人を元気にしたいミドルをプロ講師に育てています。最初は弟子として受け入れ、私自身がＯＪＴで育てていましたが、その後この講座に昇華しました。プロになり活躍するまでに育った受講生が講師役となり、さらなる後進を育てるという循環に至っています。

最近では、教育研修系の会社の経営者が集まる社長会への参加も、貴重な学びの機会になっています。業界の最新動向や課題などを知るためには、やはり現場のプロに聞くのがいちばんです。もちろんこちらも手持ちの情報を提供することで、ギブアンドテイクの関係を作っていくことがポイントですね。

●「この人の話をもっと聞きたい」と感じたら、ダメもとでアタックしてみる

私はリクルート時代、複数のメディアの編集長を務めてきたので、著名な経営者や論客にインタビューする機会も何度もありました。自分が会いたいと思った人にはどんどん会いに行っていましたから、まさに役得です。

やはり数々の苦難を乗り越えてきたプロフェッショナルの生の言葉にはインパクトがあります。柳井正さん、竹中平蔵さん、日下公人さん、牧野昇さん、南場智子さん、笑福亭

鶴瓶さん、ＥＸＩＬＥのＨＩＲＯさんなど、挙げていったらキリがありませんが、どなたの言葉も、今も思い出せるほど強く心に刻まれています。

企業への取材、各界リーダーへのインタビューは、さまざまなメディアでの自分の連載や、オウンドメディア『ＦｅｅｌＷｏｒｋｓマガジン』（Ｗｅｂ）でも引き続き取り組んでいます。これらは、人材育成に関する独自の施策やリアルタイムで直面している課題などを、経営者や人事担当者にじかに聞く貴重な機会となっています。

また、大手企業のグループ会社の経営者という立場から、昔からの夢だったシンガーソングライターに転身し、還暦を越えてもイキイキと社会貢献的エンターテイナーとして全国を奔走する松本隆博さん、人生でつまずき角界を退いたものの、不屈の精神で立ち直り今は飲食店経営者として活躍する元関脇の貴闘力さんとは、お二人とも同郷でもあり懇意にさせてもらっており、共に幸せな第二の職業人生に挑む同志として素晴らしい刺激をもらっています。

これまで４００社・団体以上で、研修やコンサルティングを提供してきましたから、この真剣勝負の仕事も経験値となり、学びになっていることはいうまでもありません。

講演会やセミナーで話を聞くこともももちろん大きな意味がありますが、一対一で対話するインタビューはそれ以上に得るものが大きいと言えます。講演では聞けない本音を聞ける可能性もありますし、疑問があればその場で質問することもできるからです。

インタビューというと、こちらがメディア関係者でもない限り、できそうもないイメージがあるかもしれませんが、一般の人でも、ダメもとでアタックしてみる価値はあると私は思っています。講演会やセミナーに参加して、「この人の話をもっと聞きたい」と感じたら、物怖じせずにコンタクトを取ってみてください。ただし、貴重な情報やノウハウを教えてもらうわけですから、逆に自分が提供できるものは考えておくのがマナーです。

Q7　ご縁を広げるためにどんな勉強会を主宰しますか？

第４章のステップ⑦でも説明した通り、最先端の学びを得続けるためには、勉強会は参加するのではなく、自ら主宰するものだと私は考えています（正しくは学習会と言いたいところですが、わかりやすいように、一般名称としての「勉強会」という言葉を使います）。自分が開催するとしたら、どのようなテーマで、どのようなメンバーを集めるのか、今から考えておきましょう。

テーマはもちろんですが、メンバーも大切です。意欲の高い人たちが集まる勉強会は熱気もあり、お互いに刺激を与え合う場となります。当然、主宰するあなたがどうメンバーを鼓舞し、活気づけるかも重要なポイント。うまくいけば、その勉強会からビジネスにもつながる一生モノのご縁ができるかもしれません。

私が初めて社外の勉強会を運営したのは20代の後半です。編集者やライターなどのメディア関係者が集まるマスコミネットワークでした。このときは、自分は理事として運営に関わっていました。

主宰されていたジャーナリストさんからお声がかかったのですが、引き受けた理由は、編集者としての自分の客観的な位置づけを知りたかったからです。

当時、情報誌は雑誌全般を含むマスコミ業界ではやや格下に見られる風潮がありました。しかし、私自身そういった評価に納得いかないところがあり、かといって反論する言葉も持っていなかったことから、「だったら社外のプロと関わることで、自分たちの役割をとらえ直すことができないだろうか」という思いを抱いていました。

さまざまなマスコミ関係者と交流するなかで、情報誌の役割について考え続け、結果、「我々は国や企業や人などを批判するのではなく、情報を発信する人と情報を得たい人を結びつけて、そこで価値を生む意義ある仕事をやっているんだ」と自分の中で言語化できるようになったのです。

●勉強会の目的とルールを明確にしておくことがポイント

次に思い出されるのが、独立後に主宰した２つの勉強会です。

一つは「ゆるキャリ」と題した、若手社会人を集めたキャリアの勉強会です。独立当初は若手のキャリア支援を事業にしようと考えていましたから、肩に力を入れずリラックスしてキャリアについて語り合える場を作ることで、彼ら彼女らに元気になってほしいと考えたのです。

運営は若手社会人のメンバーに任せ、私のネットワークを活用して外部から講師を招いたり、若手同士でディスカッションしたりといった活動をしていましたが、若手社員の本音をつかめましたから、私にとっても有益な学びの場でした。

もう一つが「キャリアナビゲーターズゼミ」という、企業の管理職や経営者、人事コンサルタントなど人材育成に向き合う人たちを対象とした学びの場です。

こちらでは上司世代が若手育成に関してどんな課題感や悩みを抱えているか、若手のキャリアを導くことができるキャリアナビゲーターであるためには何が必要か、というテーマでディスカッションを重ねました。

現場の上司のリアルな課題を知ることができましたから、こちらも私にとっては大きな学びとなりましたし、その後のＦｅｅｌＷｏｒｋｓの事業の方向性を決めるきっかけにもなりました。

そのほかでは、一般的な意味での勉強会とは違いますが、ウーマンエンパワー賛同企業アワードに審査員として参加していることも、多様な一人ひとりの活躍を支援するダイバーシティマネジメントを人材育成の重点テーマとしている私にとっては、一般企業の取り組みを幅広く知る機会となっています。

また、ＦｅｅｌＷｏｒｋｓが事業として行っている「働きがいを育む講師養成講座」も、第二の職業人生で講師として働くことを志す、意欲あるミドルが集まる参加型の学びの場ですから、お互いに学び合う勉強会的な色合いが濃い講座だと考えています。

いずれの勉強会でも、お互いに教え合い、学び合う関係を築いていったことで、ご縁が広がりました。**勉強会自体は終わっても、そこで得たつながりは強く、今も交流が続いている**人は少なくありません。

余談ですが、コロナ禍となり、飲みニケーションもしづらくなり、余暇が増えた私はスポーツフィッシングを始めました。

最初は、子どものころ慣れ親しんだ釣りを再開する程度の軽い気持ちで始めたのですが、最近の釣りの進化、特に海でのルアーフィッシングの進化と多様化に驚き、その奥深さとおもしろさにすっかりハマってしまいました。

趣味としての学びを深めたいと思った私は、フィッシングセミナーに参加するだけでは物足りず、「大人の釣り入門クラブ」というコミュニティをＦａｃｅｂｏｏｋで立ち上げました。半年ほどで釣りビギナーの友人たち30人以上と出会い、休暇のたびにオフショアのルアーフィッシングの技術向上と新鮮な魚料理を楽しんでいます。

なお、勉強会を主宰するにあたっての注意点は、目的とルールを明確にしておくことです。目的が曖昧なままだと、単なる交流会になってしまい、お互いに切磋琢磨し合う雰囲気が生まれませんし、ルールが曖昧だと、ビジネス目的の人などが入り込んでしまったり、せっかくのコミュニティが険悪な空気になってしまったりといった問題が起こりがちだからです。

ぜひ、自分自身も刺激を受けられる活気のある勉強会のプロデュースに挑戦してみてください。

Q8 教養をつけるために何を学びますか?

教養に関しては、第4章のステップ⑧でも説明した通り、好きなことを軸に学び始めればＯＫ。ですから、この８つめの問いは比較的考えやすいのではないでしょうか。

歴史が好きならその学びを継続して広げていけばいいですし、旅行が好きなら訪れた国や土地の文化や生活について調べてみるのもいいでしょう。

もちろんベストセラーの教養書や社会課題から入るのもありです。自分に合った方法で、普段会社で働いているだけでは得られない、幅広い教養に触れていきましょう。

その際に**重要なのは、学んでいることと、自分の仕事とを結びつけて考える習慣をつけることです。意外なところで意外な共通項が見つかることも少なくありません。**自分の仕事に引きつけて考えることができるようになると、趣味や教養に関する学びはいっそう楽しいものになっていきます。

私は、もともと好奇心が旺盛なので、仕事と直接関係がないテーマに関しても幅広く学んでいます。ワイン、日本酒、サウナ、占星学、タロット、宗教、西洋絵画、ウクレレなど、いろいろなことにハマりました。最近では、前述したようにスポーツフィッシングに夢中です。どれも学び始めると非常に奥が深いですし、単なる趣味を超えた気づきを得られることも多々あります。

例えばワイン。『世界のビジネスエリートが身につける 教養としてのワイン』（ダイヤモンド社）という本が大変おもしろく、その著者である渡辺順子さんのセミナーに参加したことがきっかけでハマるようになったのですが、ワインについて学ぶこと自体がまさにリベラルアーツなんですね。例えば、ヨーロッパ各地にワイン産地ができたことの背景にはシーザーやナポレオンによる戦争の歴史があること、一つひとつのワインに産地の文化が色濃く反映されていることなど、知れば知るほどおもしろい。

その流れで日本酒スタイリストの島田律子さんのセミナーにも参加しました。学んでみると、日本酒でもワインのように産地の特色や文化を反映させ、それをブランドにして世界に打って出ようとしている蔵元があることがわかりました。和歌山県にある平和酒造という蔵元です。実際に経営者である山本典正さんに会って話を聞いてみると、その革新的な取り組みは、まさに他業界のビジネスにも応用できるもので、大変感銘を受け、自社が企画した経営者セミナーでも登壇してもらいました。

●西洋絵画の歴史を学び、ビジネスの栄枯盛衰との共通点を知る

西洋絵画の歴史に関する学びからも多くの気づきが得られました。ルネサンスや印象派、ジャポニズムなどのムーブメントがどのような時代的背景のもとで起きたのかをそれぞれ調べていくと、必ず前の時代の主流に対する不満や反発がその要因になっている。現在の産業やビジネスの栄枯盛衰と共通するものがそこにはあります。

宗教や占星学など、いわゆる科学とは対置されるような領域にも関心が高まっています。特定の宗教や占いを信じるということではなく、どのような背景でさまざまな宗教や占星学が発展してきたかを学ぶことによって、科学だけでは解決できない課題に対して、庶民が歴史的にどのように対応してきたのかといったことがわかってきます。人や社会について考えるとき、このような非科学的な領域についての知見や理解も必要だということは、この学びを通して改めて感じました。

そのほかでは、一般的な意味での趣味・教養とは異なりますが、近年胸を痛めるニュースをたびたび見聞きする子どもの虐待問題にも強い関心を持ちました。自治体が開講するセミナー、研修を受け、夫婦で里親認定も受けています。

こうした活動を通して社会問題の実態やその背景まで深く学ぶ機会がありました。学んでみると、報道を表層的になぞるだけではわからない、問題の本質が見えてきます。

例えば、生まれてすぐ施設に入れられ、家庭の愛を知らずに育った保護児童は愛着障害が起きやすい。だから、ある程度の年齢になってから里子に出されても、家庭というものに馴染むことがとても難しい。それが虐待を引き起こす要因の一つになっているのです。

しかし、日本では制度上0歳の時点での養子縁組が難しい。そのため、この問題を解決するためには、制度改正が必要であると主張し、働きかけを行っている人たちがいる。「こうのとりのゆりかご」活動をする熊本県の慈恵病院や、「子どもを虐待する親にも救いが必要だ」と活動される児童福祉のパイオニア矢満田篤二さんには頭が下がるばかりでした。こういった実態は、自分から首を突っ込み、学んでみなければわからないことです。

ですから、今の社会が抱える課題について理解を深めようとするときも、関心を持ったならぜひ一歩踏み込んで深く学んではしいと思います。人によってはそれが第二の職業人生におけるメインテーマとなることもあるからです。

＊　＊　＊

以上で８つの質問は終わりです。同時に本書も締めくくりとなります。

問いに対する答えは、すべてがすぐには出てこないかもしれません。それでも構いません。答えが出ない問いは、学びながら自分に問い続けてください。学ぶこと自体がきっとあなたを動機付け、方向付けてくれます。そうすれば、次第に答えも見えてくるはずです。その学びのプロセスこそが、あなたの幸せな第二の職業人生を切り拓いてくれるはずです。

おわりに

２０１９年に『50歳からの～』シリーズの第一弾である『50歳からの逆転キャリア戦略』を出版して以降、おかげさまでミドルの幸せな第二の職業人生についての講演を依頼される機会が多くなりました。私が営むＦｅｅｌＷｏｒｋｓとしても「50代からの働き方研修」を開発し、企業で開講するケースが増えました。

その際、タイトルに付けた「逆転」の意味について、参加者のみなさんに問いかけると、現在の左遷や不遇を挽回して逆転出世することだ、という答えが返ってきます。しかし、それは私の真意ではありません。私が「逆転」という言葉に込めたのは、**「自分が勝てるようにルールを変える」**ということです。

多くのミドルは、これまでの職業人生のオーナーシップを会社に握られていました。会社が決めたルールのなかで、納得のいかない指示や命令にも従いながら、出世を目指して懸命に働いてきたのです。

しかし、そのルールの下で勝ち残れるのはほんの一握り。最終的に勝ち残って社長になったとしても、任期がくれば退任して、ただの人となります。

それに加えて、みなさんも感じているように、会社は終身雇用や年功序列に見切りをつけるというルール変更に動き始めています。「話が違う」と当惑するミドルの嘆きは当然と言えば当然ですが、会社とて大きな社会環境変化に抗《あらが》っては生き残っていけません。

であれば、そんな不利なルールの下で不満を抱えながら、この先もずっと働き続ける必要はありません。とはいえ、勢いで辞めることも得策ではありません。「働きがい」を最優先にする自分のルールで、新たな職業人生を切り拓いていけばいいのです。会社で働き続けることとは、そのステップに変わるでしょう。本書を含む『50歳からの〜』シリーズはまさにそれを応援するために執筆しました。

今まで会社が決めたルールのなかで生きてきたミドルは、「自分の人生をいかに生きるか」「自分のライフワークは何か」といったテーマに向き合う必要もありませんでした。ですから、どうしたらいいかわからない状況にあるのも確かです。

これからはこの職業人としての本質的な命題に、正面から取り組むことが必要になります。それは簡単なことではないかもしれませんが、決して不可能なことではないはずです。

では、「働きがい」重視の自分のルールで、幸せな第二の職業人生を手にするためには何が必要となるのでしょうか。

本書で一貫して提唱してきた通り、それは「学び」です。

私たちＦｅｅｌＷｏｒｋｓが開催している「働きがいを育む講師養成講座」では、主に管理職経験のあるミドルが集い、自らの経験を活かした人材育成の講師・コンサルタントを目指して学んでいます。

主宰者として実感するのは、受講生のみなさんが**学びを深めるごとにお互いの絆を強くし、みるみる元気になっていく**ことです。

ここでは、会社での肩書きもポジションも関係ありません。講座の初回では、お互いにニックネームを決めます。以降、講座中は必ずこのニックネームで呼び合うのがルールです。同じ教室で学び合う者同士、対等な関係を築いたうえで、お互いの経験や個性を認め合い、それぞれの強みを活かした講師・コンサルタントを目指して共に学ぶなかで、徐々に本当の自分を取り戻し、希望に目覚めていくのです。

これまでの卒業生のなかには、実際に独立して新たなキャリアを切り拓いている人もいますし、会社員のまま自分の立ち位置を見直して社内講師として活躍する人もいます。卒業後も連絡を取り合い、「今日、研修に登壇してきた！」「受講生たちの目の色が変わって嬉しかった！」「やったー！おめでとう！」「すごい。今度、様子を教えて！」と励まし合う姿は、清々しく、微笑ましいものです。

このように過去に恋々《れんれん》とせず、**将来に果敢に挑戦するミドルが増えていくと、日本全体が元気になっていく**はずです。

大切なのは「思い」です。思いがあればこそ、学びも充実したものになり、未来へとつながっていきます。

最後に、みなさんにこんな言葉を贈ります。

「中年（ミドル）よ、大志を抱け！」

ここまでお読みいただきありがとうございました。みなさんの学びが実を結び、人生が変わり、幸せな第二の職業人生を手にできることを心より祈っています。

前川　孝雄

【著者が代表を務める人材育成コンサルティング企業について】

株式会社 FeelWorks

https://www.feelworks.jp/

※この本のご感想、研修・コンサルティングなどのご依頼、
お問い合わせは info@feelworks.jp へ

●事業内容：
『日本の上司を元気にする』をビジョンに掲げ、独自の「コミュニケーション・サイクル理論」をもとに、2008年の創業以来、大手企業を中心に400社以上の人材育成などを支援している。

●主なサービス：
【研修・講演】※リアル・オンライン
・トップの上司力
・現場の上司力
・リモートワークで求められる上司力
・上司力基礎実践シリーズ
❶上司と部下の「相互理解」を深める　傾聴力研修
❷部下の役割を定め、期待を伝え、「動機形成」を図る
面談力研修
❸職場の一体感を高め、「協働意識」を醸成する
チームビルディング研修
❹部下の提案を引き出し、「切磋琢磨」しあうチームを作る
ファシリテーション研修
❺部下の「評価納得」を得て、さらなる成長を後押しする
フィードバック研修
・50代からの働き方
・プロフェッショナルマインド（中堅層のリーダーシップ）
・キャリアコンパス（新入社員・若手社員のキャリアデザイン）
・社会人の基本と仕事の進め方

【Eラーニング・通信講座】
・上司と部下が一緒に学ぶ「パワハラ予防講座」
・新入社員の「はたらく心得」
・OJT実践コース　❶基礎編 ❷実践編
・フレッシュマンへの贈り物
・周囲を巻き込む相談の極意！
・ホップ・ステップ・リーダーシップ
・多様さのマネジメント

【パーソナルコーチング】
・経営層・経営幹部・管理職向けエグゼクティブコーチング
・個人向けキャリアコーチング

【出版・メディア編集】

●グループ企業
株式会社　働きがい創造研究所

PHP
Business Shinsho

前川 孝雄（まえかわ・たかお）
㈱FeelWorks代表取締役／青山学院大学兼任講師
人材育成の専門家集団㈱FeelWorksグループ創業者であり、部下を育て組織を活かす「上司力」提唱者。兵庫県明石市生まれ。大阪府立大学、早稲田大学ビジネススクール卒業。
リクルートで『ケイコとマナブ』『就職ジャーナル』『リクナビ』などの編集長を経て、2008年に「人を大切に育て活かす社会づくりへの貢献」を志に起業。「日本の上司を元気にする」をビジョンに掲げ、独自開発した研修「上司力研修」「上司力鍛錬ゼミ」「50代からの働き方研修」、eラーニング「パワハラ予防講座」「新入社員のはたらく心得」などで400社以上を支援している。
2011年から青山学院大学兼任講師。2017年に㈱働きがい創造研究所設立。現在、iU情報経営イノベーション専門職大学客員教授、一般社団法人企業研究会研究協力委員サポーター、ウーマンエンパワー賛同企業審査員なども兼職。
著書は『人を活かす経営の新常識』（FeelWorks）、『「働きがいあふれる」チームのつくり方』（ベストセラーズ）、『本物の「上司力」』（大和出版）、『一生働きたい職場のつくり方』（実業之日本社）、『50歳からの逆転キャリア戦略』『50歳からの幸せな独立戦略』（ともにPHPビジネス新書）など35冊。産業能率大学などでリーダーシップ、キャリア、ダイバーシティマネジメントについての教科書も執筆。

編集協力：伊藤敬太郎
図版作成：桜井勝志

PHPビジネス新書 432

50歳からの人生が変わる痛快！「学び」戦略

2021年12月2日 第1版第1刷発行

著者 前川孝雄
発行者 永田貴之
発行所 株式会社PHP研究所
東京本部 〒135-8137 江東区豊洲5-6-52
第二制作部 ☎03-3520-9619(編集)
普及部 ☎03-3520-9630(販売)
京都本部 〒601-8411 京都市南区西九条北ノ内町11
PHP INTERFACE https://www.php.co.jp/
装幀 齋藤 稔(株式会社ジーラム)
組版 朝日メディアインターナショナル株式会社
印刷所 大日本印刷株式会社
製本所 東京美術紙工協業組合

 ISBN978-4-569-85055-9

「ＰＨＰビジネス新書」発刊にあたって

わからないことがあったら「インターネット」で何でも一発で調べられる時代。本という形でビジネスの知識を提供することに何の意味があるのか……その一つの答えとして「**血の通った実務書**」というコンセプトを提案させていただくのが本シリーズです。

経営知識やスキルといった、誰が語っても同じに思えるものでも、ビジネス界の第一線で活躍する人の語る言葉には、独特の迫力があります。そんな、「**現場を知る人が本音で語る**」知識を、ビジネスのあらゆる分野においてご提供していきたいと思っております。

本シリーズのシンボルマークは、理屈よりも実用性を重んじた古代ローマ人のイメージです。彼らが残した知識のように、本書の内容が永きにわたって皆様のビジネスのお役に立ち続けることを願っております。

二〇〇六年四月

ＰＨＰ研究所

PHPビジネス新書

50歳からの逆転キャリア戦略

「定年＝リタイア」ではない時代の一番いい働き方、辞め方

前川孝雄 著

安易に転職・早期退職する前に今の会社でやっておくべきことがある！「一生イキイキと働ける自分」になるための考え方と方法論を指南。

定価 本体九一〇円（税別）

PHPビジネス新書

50歳からの幸せな独立戦略

会社で30年培った経験値を「働きがい」と「稼ぎ」に変える!

前川孝雄　著

ヒット作『50歳からの逆転キャリア戦略』実践編。会社で30年培った経験値が「働きがい」と「稼ぎ」に変わる。しかも超ローリスク!

定価　本体九五〇円（税別）